安重根 의사 찾기와 과제

광복 80주년,
安重根 의사 찾기와 과제

초판1쇄 발행 2025년 8월 15일
지은이 안중근의사찾기 한·중민간상설위원회
발행인 최영민
발행처 피앤피북
인쇄제작 미래피앤피
주소 경기도 파주시 신촌로 16
전화 031−8071−0088
팩스 031−942−8688
전자우편 hermonh@naver.com
출판등록 2015년 3월 27일
등록번호 제406−2015−31호
ISBN 979−11−94085−63−8 (03800)

- 이 책의 정가는 뒤 표지에 있습니다.
- 헤르몬하우스는 피앤피북의 임프린트입니다.
- 이 책의 어느 부분도 저작권자나 발행인의 승인 없이 무단 복제하여 이용할 수 없습니다.

―― 광복 80주년 기념 기획

安重根의 사 찾기와 과제

안중근의사 찾기
한·중민간상설위원회

헤르몬하우스

• 일러두기 •

1. 외국어(중국어, 일본어, 영어 등)나 한자를 한글과 함께 기록해야 할 경우, 한글을 먼저 쓰고 뒤 '( )' 안에 외국어를 표기했다.
   예시: 안중근(安重根), 이토 히로부미(伊藤博文)
2. 외국의 지명과 인명은 한글 뒤 '( )' 안에 원문을 표기했다.
   예시: 이토 히로부미(伊藤博文), 뤼순(旅順)
3. 외국인 인명을 표기할 때 줄여 쓰지 않고 성과 이름 모두 함께 표기했다.
   예시: 이토(伊藤博文) (X) → 이토 히로부미(伊藤博文) (O)
4. 외국의 지명과 외국인 인명은 국립국어원의 외래어표기법에 따라, 원어(중국어, 일본어 등)의 발음의 체계로 표기했다.
   예시: 이등박문(伊藤博文) (X) → 이토 히로부미(伊藤博文) (O)
   　　　합이빈(哈尔滨) (X) → 하얼빈(哈尔滨)
5. 한자로 표기된 자료의 경우, 일본어 자료는 번체자로, 중국어 자료는 원자료나 저자에 따라 번체자 또는 간체자로 표기했다.
   예시: 〈旅順日俄監獄实录〉
6. 원문 중 판독이 불가능한 경우, '(미상)'으로 표기했다.
7. 원문 중 빠진 글자(缺字)는 'ㅁ'으로 표기했다.
8. 독자의 이해를 쉽게 하기 위해, 본문 내용의 중복이 있다.
9. 독자의 이해를 쉽게 하기 위해, 중국인 저자 글에는 중문을 수록하였다.
10. 표지 제목은 안중근체로 '안중근 의사 기념관' 홈페이지에서 다운로드하였다.

• 목차 •

안중근 최후의 유언 ✦ 7

책머리에 ✦ 8

제1부 ✦ 삶과 정신

제1장_ 안중근 의사 찾기와 과제 ·· 13

제2장_ 군인 안중근과 군인정신 ·· 21

제3장_ 한·중 자유무역협정 그 너머, 정부 조달시장 협력 방안

　　　－안중근 선생의 동양평화론을 생각하며－ ························ 36

제4장_ 1930~40년대 안중근 의거의 회억과 한·중연대 ············· 44

제5장_ 경제 안보 시기 안중근 의사와 동양평화론을 통한

　　　동북아 경제협력 방안 모색 ·· 55

제6장_ 안중근 정신으로 동북아 '안전공동체' 구축 ····················· 95

제7장_ 안중근 기념, 동북아 평화 건설 ··································· 123

제8장_ 문화교류를 통한 한·중 협력방안 촉진

　　　－하얼빈 안중근의사기념관 사례－ ································· 132

제9장_ 안중근 애국정신의 현대적 계시와 의의 ························ 139

제2부 ✦ 유해

제10장_ 안중근 의사 유해 발굴 현황 및 과제 ·················· 149

제11장_ 안중근 유해 안장 관련자료 수집 방안 검토 ·············· 162

제12장_ 중국, 평화주의자 안중근 유해 어떻게 할 것인가? ············ 176

제13장_ 안중근의 헌신을 본받아 '동양평화' 사상 고취

  －안중근 유해 탐방조사 겸 서술－ ················ 189

제3부 ✦ 위원회

제14장_ 안중근의사찾기 한·중 민간상설위원회

  설립 및 주요일지 ···························· 205

제15장_ 안중근 유해 연보(1879～2025) ···················· 225

참고문헌 ✦ 241

저자소개 ✦ 244

안중근 최후의 유언

내가 죽은 뒤에 나의 뼈를 하얼빈 공원 곁에 묻어 두었다가, 국권이 회복되면 고국으로 반장해 다오. 나는 천국에 가서도 마땅히 우리나라의 독립을 위해 힘쓸 것이다.

너희들은 돌아가서 동포들에게 각자 나라를 위해 책임을 지고 국민된 의무를 다하여, 마음을 같이하고 힘을 합하여 공을 세우고 업을 이루도록 당부해다오, 대한 독립의 소리가 천국에 들려오면, 나는 마땅히 춤추며 만세를 부를 것이다.

(1910.3.10 안중근 의사가 정근, 공근 아우에게 남김)

➡ 안중근 의사 사형장

• 책 머리에 •

 왜 안중근인가? 왜 지금 안중근을 말하는가? 답은 자명하다. 그가 남기신 최후의 유언이 아직 끝나지 않은 까닭이다. 안중근은 '국권이 회복이 되면 반장해 다오'하고 최후의 유언을 남기셨건만, 유해는 뤼순의 구천을 헤매고 계신다.
 또한 광복 80주년이 된, 오늘날 세계는 여전히 전쟁의 화마에 있다. 동양평화를 위해 살신성인하신 안중근 의사이시다. 동양평화를 외친 안중근 의사, 현실에 어찌 안중근 의사 영혼이 평안하리오! 안중근 의사는 되살아나고, 그의 의거는 끊임없이 되풀이될 것이다. 다시금 동양평화를 외친다. 또한 나아갈 방향을 잊은 우리에게 회초리를 치고 계신다.
 안중근 의거의 뜻과 진실을 되새겨 물어야 한다. 왜, 무엇을 위해 이토를 주살했는가? 어떤 유언을 남겼는가? 그 공통의 답을 여기에 내놓는다.
 이 책은 안중근 정신과 삶, 유해, 그리고 '안중근의사찾기 한·중민간상설위원회(弘扬安重根精神韩中民间委员会)'에 관한 내용이다.
 따라서 안중근의사찾기 한·중민간상설위원회를 위한 이야기를 첫머리에 붙인다. 여의도에서 모 신문 기자의 다음과 같은 물음에 답했다.

"국가보훈처장 퇴임 후에 민간인 신분으로 안중근 유해 발굴에 직접 나선 이유는 무엇인가?"

"국가보훈처장을 지낼 당시 효창공원에 있는 안중근 의사 가묘를 보면 마음이 아팠다. 후손으로서, 대한민국 국민으로서 반드시 그의 유언을 받들어야 한다고 생각했다. 군 생활 내내 가슴을 뜨겁게 만들어 준 글귀가 있는데, 진해 해군기지 정문 비석에 새겨져 있는 '위국헌신 군인본분(爲國獻身 軍人本分)'이다. 즉, 나라를 위해 헌신하는 것은 군인의 본분이라는 뜻으로, 안중근 의사가 사형 전 일본인 간수에게 써준 글귀다. 2021년 국가보훈처장이 돼 카자흐스탄에 있던 홍범도 장군 유해를 봉환한 데 이어 안중근 의사 유해 발굴에도 힘썼지만, 미처 이루지 못한 채 퇴임했다. 외교적·정치적 부침으로 정부가 진전을 보지 못하는 상황이 이어지고 있으니 민간 차원에서 추진하는 것이 빠를 것으로 생각했다."

국민대학교에 사무실을 두고, 안중근 유해 발굴을 위한 구체적 방안을 실천하고 있다. 민간 차원 안중근 유해 발굴이다. 사료전문가 김월배 교수와의 만남으로 시작되었다. 그리고 대한민국 법률, 군인, 역사학자, 안중근 유해 전문가, 그리고 중국의 안중근 관련 기관 근무자, 외교학자, 역사학자 등 전문가들이 모였다. '안중근의사찾기 한·중민간상설위원회'를 설립하여 안중근 유해 봉환에 헌신하고 있다. 아덴만 여명작전을 성공시킨 사령관이자 홍범도 장군 유해 봉환의 주역으로서 안중근 유해 발굴은 현재 진행형에 있다.

출판을 흔쾌히 받아준 헤르몬하우스 출판사 대표께 감사를 드린다. 그 밖에도 감사할 분이 많다. 특별히 안중근의사찾기 한·중민간상설위원회 이사들이 소중한 원고를 같이 해주셨다. 그리고 첫 독자로서 날카로운 질정과 좋은 조언을 주신 분이다.

  이 책을 삼가 안중근 의사 영전에 바친다. 이 책을 쓰는 동안 안중근 의사 혼령이 몸에 느껴진다. 그래서 감성이 앞서 과도한 표현, 서술이 있을 것이다. 독자들께서 너그럽게 보시고 가감하면서 읽어 주시길 바랄 뿐이다.

광복 80주년을 맞이하여,
저자 대표 황기철 쓰다.

제1부

/

삶과 정신

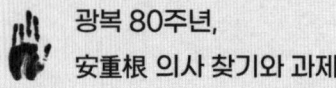

광복 80주년,
安重根 의사 찾기와 과제

제1장
안중근 의사 찾기의 의의와 과제[1]

I. 평화주의자 안중근 의사는 대한민국 대표 브랜드

오늘 우리는 행복한 자리에 서 있다. 한국과 중국, 그리고 일본의 학자들이 모여 평화주의자 안중근 의사 유해 발굴을 위하여 머리를 맞대고 있다.

세계인이 주지하듯, 안중근 의사는 강자가 약자를 침탈했던, 약육강식의 시기에 태어나셨다. 선한 국민이 사는 대한민국에 북두칠성이 내려왔다. 황해도 해주에서 금수저 출신이자 노블레스 오블리주를 실천하신 향반 가문에서 나셨다. 성은 안이요, 이름은 중근, 자는 응칠이었다.

32세 청년 안중근은 짧은 생에서도, 영원한 삶을 영위하는 혜안을

---

[1] 황기철(前 국가보훈처장, 안중근의사찾기 한·중민간상설위원회 이사장), 이 글은 저자가 2024년 6월 29일, 상하이 외국어 대학과 안중근의사찾기 한·중민간상설위원회가 함께한 세미나에서 발표한 원고를 확대 보완한 것이다.

우리에게 가르쳐 주셨다. 그것은 대한독립과 동양평화를 실천하며, 몸소 우리에게 나아갈 길을 가르쳐준 것이다.

우리 국민이 제국주의에 침탈되어 갈 때, 강의한 사랑으로 애국, 애천, 애족을 실천하셨다. 또한 일본 제국주의의 상징적 인물 이토 히로부미를 주살하면서, '코레아 우라(대한국 만세)'를 외치셨다.

안중근 의사를 이해에는 다양한 시각들이 존재한다. 독립운동가, 의병, 교육 구국운동, 단지동맹, 그리고 하얼빈 의거…. 그러나 안중근 의사를 진정으로 이해하는 것은 평화주의자 안중근을 아는 것이다. 하얼빈 의거를 하고, 뤼순감옥에 수감된 144일 동안 뤼순에 동양평화 협의체 설립과 평화주의적 사상가의 면모를 밝히신, ≪동양평화론≫과 200여 폭의 유묵을 집필하셨다.

평화는 과거, 현재, 미래에도 영원한 숙제이다. 평화는 완료형이 없다고 한다. 인류의 보편적 가치인 평화를 안중근 의사는 100년에 걸쳐 주장하신 사상가이시다.

평화주의자 안중근 의사를 숭모하는 일본의 학자, 중국의 학자도 많다. 평화주의자 안중근을 주장할 때, 일본도, 중국도 반대할 명분이 없다. 즉, 우리나라는 안중근 보유국이다. 평화주의자이자 사상가 안중근은 대한민국 국격을 높일 수 있는 대표 브랜드이다.

II. 안중근 의사 찾기의 과정과 의의

평화주의자 안중근 의사는 "내가 죽거들랑 나의 뼈를 하얼빈 공원에 묻었다가 국권이 회복되면 고국으로 반장해 다오."라고 유언을 남기셨다. 그러나 하얼빈 공원에 안중근 의사를 매장하면, 하얼빈이 독립운동의 성지가 될 것을 두려워한 일본은 안중근 의사를 비밀리에 매장했다. 이로써 안중근 의사는 115년간 뤼순의 구천을 헤매고 계신다.

일본은 총격 사건 3일 후 구라치(倉知) 정무국장을 뤼순에 파견, 체류토록 하면서 안중근 의사의 재판에 관여하였다. 당시 정무국장을 사건에 개입하도록 한 결과, 관동도독부는 이를 단순 살인 사건으로 재판하였다.

당시 일본은 세계만방에 재판을 통하여 문명국가라는 허울 된 모습을 보여 주고자 의도되고 왜곡된 사법살인을 일주일 만에 진행하면서, 일본 관동도독부 감옥법까지 어기며 비밀리에 매장하여, 안중근 의사의 유언을 실현시키지 못하게 한 원죄를 지고 있다.

독립운동의 성지가 될 것을 우려하여 안중근 의사의 두 아우가 저녁이 되도록 기다렸지만, 유해를 돌려주지 않고 비밀리에 매장하였다. 이에 두 아우는 사형수의 유해마저도 인도하지 않는 일제의 만행은 "두 번 사형을 가하는 것"이라고 하며, "이 잔혹한 행위를 죽어도 잊지 않을 것이다."라며 분노하였다.

이처럼 일제에 빼앗기다시피한 안중근 의사의 유해를 찾아 유언을 실현시키는 일은, 국권을 회복한 나라로서 정체성을 각인하기 위해 오늘날 우리에게 부과된 거룩한 사명이라 할 것이다.

안중근 의사 유해 봉환은, 김구 선생께서 독립운동에 헌신하신 의열사(義烈士) 유해 모셔 오는 일부터 시작되었다. 1946년 7월 이봉창, 윤봉길, 백정기 의사 유해를 효창원에 안장하였다. 그리고 삼의사 묘소 옆에 안중근 의사의 가묘(假墓)를 조성하였다.

1992년 중국과 국교 수립 시까지 유해 발굴은 추진되지 못하였다. 그러나 1993년 8월 한·중 외무차관 회의 시 안중근 유해 발굴에 대해 협조 요청하였고, 1995년 4월 외무부를 통하여 한·중 문화협정 발효에 따른 중국 측의 안중근 유해 발굴 조사에 대해 협조 요청하였다.

2004년 5월 국가보훈처장은 중국 민정부를 방문하여 안중근 유해 발굴 협조를 요청하고, 2005년 6월 제15차 남북장관급회담(6.21~24)에서 안중근 유해 발굴 사업을 남북공동으로 추진하기로 합의하였다.

그 후 2006년 6월 남북공동 유해조사단이 중국 뤼순 현장을 조사하여 매장지를 뤼순 감옥 뒷산인 위안바오산을 확정하였다. 2008년 3월~4월 뤼순 감옥 북쪽 매장 추정지에 대하여 29일간 한·중 안중근 유해발굴단은 발굴조사 활동 전개하였으나 유해를 발굴하지 못했다.

애석하게도 첫 단추가 잘못 끼워진 것이었다. 2023년 5월 여러 전문가와 같이 뤼순에 다시 방문했다. 2008년 당시 안중근 유해 발굴의 현장을 전부 돌아보았고, 발굴에 참여했던 전문가와 뤼순일아감옥구지 박물관의 저우아이민(周愛民) 부관장도 면담하였다.

2008년 한·중 유해발굴에 참여했던 중국 측 저우샹링(周祥令, 뤼순일아감옥구지 박물관 초대 관장), 왕전련(王珍仁, 전 뤼순일아감옥구지 박물관 부관장)은 당시에도 한결같이 둥산포 지역이 안중근 의사 매장 후보지라고 주장한 바 있었다.

당시 한국 정부 측에서는 뤼순감옥의 형무소장 구리하라 사다기치(栗原貞吉)의 셋째딸 이마이 후사코(今井房了) 씨가 제공한 사진에 근거하여 주장한 최서면(崔書勉) 국제한국연구원 이사장의 의견을 반영해서 위안바오산을 발굴했으나 장아찌 시설 등 생활 쓰레기만 나왔다.

위안바오산은 비로 인해 여러 차례 쓸려나간 흔적이 있었다. 특히, 위안바오산은 당시 뤼순 감옥 교도관의 숙소 바로 옆이라 근본적으로 묘지 터로는 적합하지 않았다. 게다가 그 토질도 배수가 잘되지 않는 황토 흙이라서 묘지로 쓰기에 적절하지 않았다. 위안바오산 힐원 아파트 앞 즉, 뤼순 감옥 묘지 뒤편은 기와 벽돌공장이고 지금도 그 창고가 남아 있다.

반면, 둥산퍼는 지리적 환경이 타 발굴 추정 지역에 비해, 묘지로 쓰기에 적합한 야산의 형태와 배수가 잘되는 마사토 성분의 토질을 갖고 있다.

중국 관계자의 의견 청취, 현장 확인 등을 통해 2006년 남북 발굴단이 매장지로 지정한 장소에 오류가 있었음을 확인했다. 당시 국가보훈처가 후보지인 둥산포 지역을 배제하고 위안바오산을 매장지로 주장한 이유를 살펴보면 다음과 같다.

우선, 이마이 후사코 씨가 당시 8~9세에 들은 내용의 구술 증언과 함께 제공한 뤼순 감옥 죄수들을 위한 천도제 사진[1911년 재감사자추조회(在監死者追弔會)]을 근거로 위안바오산이 매장지일 것이라고 주장했다. 이는 주장이 당시 위안바오산에 대한 발굴 작업을 진행하는 데에 큰 영향을 끼쳤다.

한국 발굴 작업 참여자들은 현장에 대한 상황을 반영해야 했다. 중국 측에서는 이미 1970년에 둥산포를 뤼순 감옥 공동묘지라 인정하였다. 한국 측은 추조회를 지내는, 뒷산 능선 모습이 위안바오산의 능선과 유사하다는 점을 들어 위안바오산을 매장지로 결정했다.

➡ 뤼순감옥 죄수들을 위한 추조회(1911년 촬영 추정. 이마이 후사코 여사 제공. 화살표는 이마이 후사코 여사가 안중근 의사 유해 매장지로 주장)

안중근 의사의 사형 당시 소노키의 '안의 사형 시말보고'에 안중근 의사가 10시 15분에 순국 후 뤼순감옥 내 교회당에서 우덕순(禹德淳)·조도선(曺道先)·유동하(劉東夏) 3명을 끌어내어 특별히 한국식 예배 후, 감옥서의 묘지에 오후 1시경 매장했다고 기록되어 있다. 한국 측은 이 기록에 따라 북대문(관동도독부감옥서 뒷문)으로 시체를 가지고 나가서 매장한 시간, 거리, 지리적 환경 등을 추정하여 위안바오산에 매장했을 것으로 판단했다.

➡ 뤼순감옥 뒷산(위안바오산)에서 바라본 뤼순감옥 전경

 종합적으로 볼 때, 현지에서 안중근 의사 유해 매장지로 언급된 현장 확인, 안중근 의사 유해와 관련된 자료 연구, 중국 내 관계자 증언 등에 따르면, 2006년 남북 유해발굴단이 매장지로 선정한 위안바오산 지역은 잘못되었다. 안중근 의사 순국 당시 뤼순감옥 공동묘지로 확인된(뤼순감옥 주장) 둥산퍼가 유일한 매장지일 가능성이 높다. 앞으로 중국과 함께 하는 공동 발굴이 필요하다. 둥산퍼는 3무(亩, 1亩=약 666.6m^2)로 5개의 90m 길이 도랑에 촘촘하게 시체가 매장되어 있다. 이 지역은 중국 국가 문화재 지역(2001년 다롄시 문물관리 위원회)으로 지정되어 있다.

III. 우리는 무엇을 할 것인가? : 안중근의사찾기 한·중민간상설위원회 과제

이렇듯 정부의 역할은 제한적이다. 외교적, 정치적 견해에 안중근 의사 유해 발굴은 영향을 받아 왔다. 2008년 발굴 이후 17년간 정체 상태이다. 그리하여 민간의 역할이 중요하다. 민간 차원의 안중근 유해 발굴은 한·중 양국의 유해 발굴을 열어가는 중요한 역할이다. 그 발걸음의 시작으로, 한·중·일 민간 학자들이 안중근 유해 발굴을 위하여 앉아 있는 것만으로도 역사적 출발점이 된다.

이제 안중근 유해 발굴은 민간이 나서야 한다. 아울러 중국에 안중근 의사 선양을 위한 시설과 여론 조성을 위한 노력을 해야 한다. 안중근의사찾기 한·중민간상설위원회(중국 명칭, 弘揚安重根精神韓中民間委员会)의 주된 역할이다. 이것이 안중근 의사 찾기와 과제이다.

제2장
군인 안중근과 군인정신[2]

Ⅰ. 서론

많은 대한민국 군인은 안중근 의사의 유묵(遺墨) 위국헌신군인본분(爲國獻身軍人本分 ; 나라를 위해 헌신하는 것이 군인의 본분이다)을 군 생활 중 개인의 좌우명으로 삼고 있으며, 대한민국 육군은 위국헌신을 조직의 핵심 가치로 지정해 전 장병들이 조직의 목표 달성을 위해 공유하고 실천하는 사고와 행동의 지표로 삼고 있다. 이 유묵뿐만 아니라 국가안위노심초사(國家安危勞心焦思 ; 국가의 안위를 위해 애쓰고 걱정하다), 견리사의견위수명(見利思義見危授命 ; 이로움을 보았을 때는 의로운지에 대해 생각하고 위태로움을 보았을 때는 목숨을 바쳐라), 임적선진위장의무(臨敵先進爲將義務 ; 적을 맞섰을 때 선봉에 서는 것이 장수 된 자의 의무다),

---

[2] 김태성(전 해병대 사령관·안중근의사찾기 한·중민간상설위원회 부 이사장), 이 글은 저자가 2024년 6월 29일, 상하이 외국어 대학과 안중근의사찾기 한·중민간상설위원회가 함께한 세미나에서 발표한 원고를 확대 보완한 것이다.

장부수사심여철의사임위기사운(丈夫雖死心如鐵義士臨危氣似雲 ; 무릇 장부는 죽더라도 그 마음은 무쇠 같으며 의사는 위기에 닥치더라도 그 기운이 구름과 같다) 등을 통해서 안중근 의사가 군인으로서 어떠한 자세로 항일독립운동에 참여했는지 잘 알 수 있다.

30세 초반의 젊은 나이에 대한제국 침략의 원흉 이토 히로부미를 대한국 의병 참모중장이라는 군인의 신분으로 저격하고 합당한 재판도 받지 못한 채 형장의 이슬로 사라져간 군인 안중근과 그의 군인정신에 대해 알아보고자 한다.

II. 군인 자질과 군인정신의 태동

안중근은 어려서부터 사냥꾼 따라다니기를 좋아했으며, 성인이 되어서는 총으로 직접 사냥에 나서곤 했는데 학문에 힘쓰지 않는 안중근을 부모와 교사들이 꾸중했으나 안중근은 따르지 않았다. 이에 친구들이 "네 부친은 문장으로 세상에 이름을 날렸는데 너는 어째서 무식한 하등인이 되려고 자처하냐(汝之父親 以文章著名於現世 汝何故 將欲以無識下等之人自處乎)."라고 나무랐다.

"너희들 말도 옳다. 그러나 내 말도 좀 들어보아라. 옛날 초 패왕 항우가 말하기를 '글은 이름자나 적을 줄 알면 그만이다'라고 했는데 만고 영웅 초 패왕의 명예가 오히려 천추에 남아 전해진다. 나도 학문으로 이름을 드러내고 싶지 않다. 너희들도 장부요, 나도 장부다. 너희들은 다시는 나를 설득하지 마라(汝之言是也 然試聽 我言 昔楚覇王項羽曰 書

足以記姓名云云 而萬古英雄楚霸王之名譽 尙遺傳於千秋也 我不願以學文著世 彼丈夫 我丈夫 汝等更勿勸我)."라고 하였다. 이를 통해 안중근은 10세 전후부터 학문보다는 병술에 더 관심이 있었던 것으로 보인다.

1894년 안중근 16세 때 사회 혼란과 관리들의 부패로 동학농민운동3이 일어나 동학군 2만여 명이 당시 안중근이 거주하고 있던 신천군(信川郡) 청계동(淸溪洞) 지역까지 진격해 왔다. 안중근 부친은 병력 70명을 모집하여 소수 병력으로 동학군과 대치하게 되었고, 안중근 등 7명은 중과부적(衆寡不敵)의 약점을 극복하기 위해 야간에 습격조를 편성하여 적진을 습격하기로 하였다. 이때 동료들이 적은 병력으로 적진을 공격하는 것에 대한 우려를 표하자, 안중근은 "병법에 이르기를 '적을 알고 나를 알면 백번 싸워 백번 이긴다.'라고 했다. 내가 적의 형세를 보니 함부로 모아 놓은 질서 없는 군중(群衆)이었다. 우리 일곱 사람이 마음을 같이하고 힘을 합하면 저런 오합지졸은 비록 백만대군이라고 해도 두려울 게 없다. 아직 날이 밝지 않았으니 날쌔게 쳐들어가면 파죽지세가 될 것이다. 그대들은 망설이지 말고 나를 따르라(兵法云 知彼知己 百戰百勝 我觀敵勢 烏合亂衆 吾輩七人 同心合力 則如彼亂黨 雖百萬之衆 不足畏也 姑未天明 出其不意 勢如破竹矣 公等勿疑 聽從我計 衆應諾之 運籌已畢耳)." 라고 말해 모두 이에 응하여 기습에 성공하였다. 이를 통해 안중근은 16세에 이미 손자병법(孫子兵法)을 공부하고 있었음을 알 수 있다.

---

3 1894년(고종 31) 전라도(全羅道) 고부군(古阜郡)의 동학 접주(接主) 전봉준(全琫準) 등을 지도자로 동학교도와 농민들이 합세하여 일으킨 농민운동. 1882년 이후의 각종 사회 혼란과 정부의 부패로 민심이 동요하던 가운데 고부군수 조병갑(趙秉甲)의 횡포가 도화선이 되어 일어났다.

17, 18세에 기골이 장대하여 무슨 일이든지 남에게 뒤지지 않았으며, 특성으로 평생 즐겨하는 일이 네 가지가 있었다.

'첫째는 친구와 의를 맺는 것이요(一日親友結交), 둘째는 술 마시고 춤추고 노래하는 것이요(二飮酒歌舞), 셋째는 총으로 사냥하는 것이요(三銃砲狩獵), 넷째는 날랜 말을 타고 달리는 것이었다(四騎馳駿馬).' 이 특성은 그래서 '멀고 가까운 곳을 가리지 않고, 의협심 있고 사나이다운 사람이 어디에 산다는 말만 들으면, 언제나 총을 지니고 말을 달려 찾아갔고, 과연 그가 동지가 될 만하면 밤새 토론하고 유쾌하게 술을 마시며 춤도 추곤 하였다(無論遠近 若聞 義俠好漢 居留之說 則常携帶銃砲 馳馬尋訪 果若同志 談論慷慨之說 痛飮快好之酒 醉後 或歌或舞).'란 사례에서 안중근은 10대 중반의 나이에 호연지기(浩然之氣)를 품은 군 간부로서의 기질이 충만했다고 할 수 있다.

 프랑스 선교사 조제프 빌렘, 한국명 홍신부(洪神父)로부터 천주교 교리와 서학(西學)을 배우던 중 경성의 참판 김중환(金仲煥)이라는 자가 옹진군민(甕津郡民)의 돈을 강탈해 가고, 해주부(海州部) 지방대 병영 위관(地方隊 兵營 尉官) 한원교(韓元校)라는 자가 의사 이경주(李景周)의 처와 간통한 후 그 처와 재산을 빼앗아 경성으로 달아난 사건이 발생하자 안중근은 김중환을 찾아가 재산 환원을 요구하여 환원 약속을 받아냈다. 그리고 한원교를 육군법원에 고발하여 재판을 통해 위관직위(尉官職位)를 박탈한 후 검사 앞에서 "한가야, 너는 내 말을 들으라. 군인이란 국가의 중임을 맡은 자이다. 충의의 마음을 가지고 외적을 방어하고 강토를 지키고 백성을 보호하는 것이 본분이거늘 너는 위관이 되어 어진 백성의 아내를 빼앗고 재산을 토색질하고 세력만 믿고

거리끼는 바가 없다(韓哥 汝聽我言 夫軍人者 國家之重任也 培養忠義之心 防禦外賊 守護疆土 保安人民 堂堂 軍人之職分 汝況爲尉官者 勒奪良民之妻 討索財産 然恃 其勢力 無所忌憚)."라며 크게 질책한 행동을 통해 불의를 보면 참지 못하고, 어려운 일을 당한 사람을 도와주며, 장교가 갖추어야 할 자질을 명확히 정립하였음을 알 수 있다.

1905년 러일전쟁이 강화(講和)로 끝난 뒤 일본에 의해 을사5조약(乙巳5條約)[4]이 강제로 체결되자 안중근은 국내에서 일본에 대항하는 것이 불가하다고 판단하여 해외에서 유리한 여건을 조성한 후, 후일을 도모하고자 상하이로 가서 상인 서상근(徐相根)을 만나 대책을 논의하고자 하였으나 서상근이 거부하자 "만일 백성이 없다면 나라가 어디 있을 것이오. 더구나 나라란 몇 명의 고관들의 나라가 아니라 2천만 백성의 나라인데, 만일 국민이 국민된 의무를 행하지 아니하고서 어찌

---

[4] 1905년 11월 17일 일본 제국이 대한제국의 외교권을 박탈하기 위해 일본군을 동원하여 강제로 체결한 조약. 제1조 일본국 정부는 도쿄(東京)에 있는 외무성(外務省)을 통하여 금후 한국의 외국과의 관계 및 사무를 감리 지휘(監理指揮)할 수 있고 일본국의 외교 대표자와 영사(領事)는 외국에 있는 한국의 신민 및 이익을 보호할 수 있다. 제2조 일본국 정부는 한국과 타국 사이에 현존하는 조약의 실행을 완전히 하는 책임을 지며 한국 정부는 이후부터 일본국 정부의 중개를 거치지 않고 국제적 성질을 가진 어떠한 조약이나 약속을 하지 않을 것을 기약한다. 제3조 일본국 정부는 그 대표자로서 한국 황제 폐하의 궐하(闕下)에 1명의 통감(統監)을 두되 통감은 오로지 외교에 관한 사항을 관리하기 위하여 경성(京城)에 주재하면서 직접 한국 황제 폐하를 궁중에 알현(謁見)하는 권리를 가진다. 일본국 정부는 또 한국이 각 개항장과 기타 일본국 정부가 필요하다고 인정하는 곳에 이사관(理事官)을 두는 권리를 가지되 이사관은 통감의 지휘 밑에 종래의 재한국일본영사(在韓國日本領事)에게 속하던 일체 직권(職權)을 집행하고 아울러 본 협약의 조관을 완전히 실행하기 위하여 필요한 일체 사무를 장리(掌理)할 수 있다. 제4조 일본국과 한국 사이에 현존하는 조약 및 약속은 본 협약의 조관에 저촉하는 것을 제외하고는 다 그 효력이 계속되는 것으로 한다. 제5조 일본 정부는 한국 황실의 안녕과 존엄을 유지함을 보증한다.

민권과 자유를 얻을 수 있을 것이오. 지금은 민족의 세계인데, 어째서 우리 민족이 가만히 앉아서 멸망하기를 기다리는 것이 옳겠소(若人民無之 則國家何以有之 況國家非幾個大官之國家 堂堂 二千萬民族之國家 而若國民不行國民之義務 豈得民權自由之理乎 現今民族世界 而何故 獨韓國民族甘作魚肉 坐待滅亡可乎)."라고 하였다. 이는 안중근이 국민이 국가의 주인이며, 민권과 자유를 회복하는 것을 국민의 의무로 인식하고 있었으며, 민족 중심의 세계관을 가지고 있었다고 할 수 있다.

Ⅲ. 군인 안중근의 의병 활동

1907년 일본이 정미7조약(丁未7條約)[5]을 강제로 맺고 광무황제(光武皇帝, 고종)를 폐(廢)하고 군대를 해산하는 등의 조처를 하자 안중근은 국내 활동에 한계를 느끼고 간도와 러시아 연추(烟秋)를 거쳐 블라디보스토크에 도착한 후 청년회에 가입하여 활동하였다. 그때 러일전쟁 전에 북간도 관리사에 임명되어 러일전쟁에 참전한 경험이 있던 이범윤(李範允)을 만나 참전 경험을 토대로 항일 의병 활동에 동참할 것을

---

[5] 1907년 7월 24일 일본이 대한제국의 군대 해산 및 내정권 장악 등을 위하여 대한제국과 일본 사이에 체결한 불평등 조약. 제1조 한국 정부는 시정(施政) 개선에 관하여 통감(統監)의 지도를 받을 것이다. 제2조 한국 정부의 법령의 제정 및 중요한 행정상의 처분은 미리 통감의 승인을 거칠 것이다. 제3조 한국의 사법 사무는 일반 행정 사무와 구별할 것이다. 제4조 한국의 고등 관리(高等官吏)를 임명하고 해임시키는 것(임면)은 통감의 동의에 의하여 집행할 것이다. 제5조 한국 정부는 통감이 추천한 일본 사람을 한국의 관리로 임명할 것이다. 제6조 한국 정부는 통감의 동의가 없이 외국인을 초빙하여 고용하지 말 것이다. 제7조 메이지 37년 8월 22일에 조인한 한일 협약 제1항(2)을 폐지할 것이다.

요청하면서 "만일 귀하께서 다시 의병을 일으켜 일본을 친다면 그것 또한 하늘의 뜻에 순응하는 것이라 할 수 있습니다. 그 까닭은 현재 이토 히로부미가 그 힘을 믿고 교만하고 극악해져서 위로 임금을 속이고 백성들을 함부로 죽이며, 이웃 나라와 의(誼)를 끊고, 세계의 신의를 저버렸으니, 그것은 하늘을 반역한 것이라, 어찌 오래 갈 수가 있겠습니까?(若今閣下更擧義旅 聲討日本 則是可曰順天也 何故 現今伊藤博文 自恃其功 妄自尊大 傍若無人 驕甚惡極 欺君罔上 濫殺蒼生 斷絶鄰國之誼 排却世界之信義 是所謂逆天矣 豈能久乎)."라고 말하며 설득하였다.

여기에서 안중근은 항일 의병 투쟁 활동을 단순히 일본군에 대항하여 싸우는 것이 아닌 하늘이 내린 준엄한 명령을 따르는 것이라고 생각한다는 점에서 군인 안중근의 국가와 국민에 대한 숭고한 애국애족 정신을 엿볼 수 있으며, 어떻게 '위국헌신군인본분'이란 유묵이 탄생했는지 이해할 수 있다.

이후 안중근은 김두성(金斗星) 총독과 이범윤 대장이 일으킨 의병에 참모중장으로 선출되어 의병과 병기 등을 몰래 수송하고, 두만강 근처에 모여 활동하였다. 이때부터 안중근은 군인 신분과 참모중장이란 직책으로 본격적인 의병 활동에 참가하였다.

1908년 6월 의병들을 이끌고 두만강을 건너 함경북도에서 일본군과 교전 후 일본군을 생포하였다가 풀어준 적이 있는데 의병들이 "어째서 사로잡은 적을 놓아주는 것입니까?(其後 將校等个懷 謂我비 何故捕虜賊放還乎)"라며 불평하며 묻자, 안중근은 "만국공법에 사로잡은 적병을 죽이는 법은 없다. 가두어 두었다가 뒷날 배상을 받고 돌려보내 주는 것이다(我答日 現今萬國公法 捕虜賊兵 殺戮之法都無 囚於何處 而後日賠還)."라며 설득하였다. 이는 30세의 젊은 나이에 국제법 관련 서양 서적을 탐독하고 그 내용을 충분히 이해한 가운데 포로를 공정하게 취급했다는 점에서 장교로서의 능력과 자질을 평가할 만하다.

　1909년 연추에 돌아와서는 동지 12인과 상의하여 "우리들은 이제까지 아무 일도 이루지 못했으니 남의 비웃음을 면하기 어려울 것이요, 뿐만 아니라 강력한 조직이 없으면 어떤 일도 달성하기가 어려울 것인즉, 오늘 우리들은 손가락을 끊어 같이 맹서하고 증거를 보인 다음, 마음과 몸을 하나로 묶어 나라를 위해 몸을 바쳐 기어이 목적을 달성하도록 하는 것이 어떻소(我等前後 都無成事 則難免他人之恥笑不啻 若無特別團體 無論某事 難成目的矣 今日我等斷脂 同盟 以表記跡 然後 一心團體 爲國獻身 期於到達目的 若何 衆皆諾從)."라고 제안하여 12인이 각각 왼 손가락을 끊어 그 피로써 태극기에 '대한독립(大韓獨立)'이라 쓰고 대한독립만세를 부르면서 단지동맹(斷指同盟)을 결성하였다. 이는 어려운 환경 속에서도 전우들 간 일치단결하여 오직 국가에 충성하고, 목숨 바쳐 조국의 독립을 반드시 쟁취하겠다는 굳은 결의를 다진 행위로 안중근의 손가락은 이때부터 항일투쟁의 정신적 지주가 되었다고 할 수 있다.

　그 후 블라디보스토크에서 이토 히로부미가 하얼빈을 방문한다는 소식을 듣고 그를 드디어 처단할 수 있다는 생각에 대단히 기뻐하며 필요한 자금을 마련하여 하얼빈으로 이동하였다. 안중근은 이토 히로부미의 이동 경로와 도착시간을 확인한 후 거사를 성공시키기 위해 치밀한 계획을 수립하는데, 기차가 먼저 경유하는 채가구(蔡家溝)역에는 우덕순(禹德淳)을 준비시키고, 최종종착지라 판단한 하얼빈역에는 본인이 대기하는 등 군인으로서 작전 성공을 보장하기 위해 주 계획과 예비계획을 동시에 수립하는 등 치밀하게 준비했다.

  1909년 10월 26일 오전 9시 30분쯤 안중근은 하얼빈역 특별열차에서 내린 이토 히로부미를 권총으로 저격하고, 하늘을 향해 큰소리로 '코레아 우라(대한 만세)'를 세 번 부른 다음 헌병대로 잡혀갔다. 하얼빈 일본영사관(日本領事館)으로 이송된 안중근은 미조부치(溝淵) 검찰관의 심문에 이토를 저격한 이유를, "1.대한제국민 황후를 시해한 죄요, 2.대한제국 황제를 폐위시킨 죄요, 3.5조약과 7조약을 강제로 체결한 죄요, 4.무고한 대한인들을 학살한 죄요, 5.국권을 강탈한 죄요, 6.철도, 광산, 산림, 천택권을 강제로 빼앗은 죄요, 7.제일은행권 지폐를 강제로 사용하게 한 죄요, 8.대한제국 군대를 해산시킨 죄요, 9.교육을 방해한 죄요, 10.대한인들의 외국유학을 금지시킨 죄요, 11.교과서를 압수하여 불태워 버린 죄요, 12.대한인이 스스로 일본인의 보호를 받고자 한다고 세계에 거짓말을 퍼뜨린 죄요, 13.대한제국과 일본 사이에 분쟁이 쉬지 않고 살육이 끊이지 않는데, 대한제국이 태평무사한 것처럼 위로 천황을 속인 죄요, 14.동양평화를 깨뜨린 죄요, 15.일본 천황폐하의 아버지 태황제를 죽인 죄이다(一韓國閔皇后弑殺之罪 二韓國口皇帝廢位之罪 三勒定五條約與七條約之罪 四虐殺無故之韓人之罪 五政權勒奪之罪 六鐵道礦山與山林川澤勒奪之罪 七第一銀券紙貨勒用之罪 八軍隊解散之罪 九敎育防害之罪 十韓人外國遊學禁止之罪 十一敎課書押收燒火之罪 十二韓人欲受日本保護云云 而誣罔世界之罪 十三現行日韓間 競爭不息 殺戮不絶 韓國以太平無事之樣 上欺 口天皇之罪 十四東洋平和破壞之罪 十五日本口天皇階下 父皇太皇帝 弑殺之罪云云)."라고 대답하자 검찰관은 "진술하는 말을 들으니, 참으로 동양의 열사라 하겠소. 당신은 열사이니 사형받을 일은 없을 것이니 걱정하지 말라(今聞所述 則可謂東洋義士也 自己義士 必無被死刑之法矣 勿爲憂慮焉)."고 하였다. 이를 통해 안중근은 의거의 정당성을 알리고, 일제의 만행을 세계에 폭로하여 조국 독립과 동양평화를 구현하고자 하였으며, 안중근을 신문한 검찰관도 안중근을 동양의 열사라 인정하고 그에 합당한 대우를 할 것임을 말한 것으로 이해할 수 있다.

안중근은 1909년 11월 3일 뤼순(旅順)감옥에 수감되었다. 안중근은 정당하게 재판을 받을 권리와 진술할 권리조차 박탈당한 채 일본인 판사, 일본인 검사, 일본인 관선변호사(官選辯護士), 일본인 통역관, 일본인 방청객 속에서 부당한 재판을 받던 중에 검찰관이 사형을 선고하자 "나는 개인의 원한으로 남을 죽인 죄인이 아니다. 나는 대한국 의병 참모중장의 직무로 하얼빈에서 전쟁을 수행하다 포로가 되어 이곳에 온 것이다. 지방재판소와는 전연 관계가 없는 일인즉, 만국 형법과 국제공법으로서 재판하는 것이 옳다(況我非個人謀殺犯罪人也 我則大韓國義兵參謀中將之義務 帶任而到于哈爾賓 開伏襲擊後 被虜到此矣 旅順口地方裁判所都無關係 則當以萬國公法與國際公法 判決可也)."라고 주장하였다.

안중근은 군인으로서 국권 찬탈의 원흉인 이토를 처단한 행동은 의로운 일이며, 군인으로서 당연한 책무를 수행하였으니, 본인을 군 포로로 인정하고 국제법에 의해 정당하게 재판받을 권리를 주장한 것이다. 그러나 안중근은 결국 1910년 2월 14일 오전 10시 30분에 개정된 재판에서 사형을 선고받았다. 안중근은 2월 17일 고등법원장 히라이시(平石)를 만나 항소(抗訴) 포기 의사를 알리고, ≪동양평화론(東洋平和論)≫을 저술할 시간 동안 사형집행 날짜를 연기해 줄 것을 요청하여 고등법원장의 승인을 받았으나, 1910년 3월 26일 사형은 집행되어 뤼순감옥에서 순국하였다.

안중근은 순국 직전 정근(定根), 공근(恭根)에게 "내가 죽은 뒤에 나의 뼈를 하얼빈 공원 곁에 묻어 두었다가, 국권이 회복되면 고국으로 옮겨오. 나는 천국에서도 마땅히 우리나라의 독립을 위해 힘쓸 것이다. 너희들은 돌아가서 동포들에게 각자 나라를 위해 책임을 지고 국민된 의무를 다하여 마음을 같이 하고 힘을 합하여 공을 세우고 업을 이루도록 일러다오. 대한독립의 소리가 천국에 들려오면, 나는 마땅히 춤추며 만세를 부를 것이다."라는 최후의 유언을 남겼다.

그러나 우리는 안중근 의사가 순국한 지 115년이 지났음에도 유해가 어디에 안장되어 있는지 모르고 있다. 하루빨리 의사의 유해를 발굴해서 의사의 유언대로 조국 대한민국으로 모셔 올 수 있도록 해야 할 것이다.

1914년 상하이에서 ≪안응칠역사(安應七歷史)≫를 토대로 안중근의 생애에 대하여 저술한 전기인 창해노방실(滄海老紡室)' 저 ≪안중근전(安重根傳)≫에서 일부 중국 선각자들도 안중근을 높이 평가했던 사례를 찾아볼 수 있었다.

이순신(李舜臣, 1545~1598)을 중국의 은인으로 여긴 나남산(羅南山)은 "안중근 의거로 한국인의 기개가 죽지 않게 되었으며 중국인도 이상할 정도로 감격하였다.", 주호(周浩)는 "안중근 의거는 조국을 위한 것일 뿐만 아니라 세계평화의 공적(公敵)을 제거한 것으로서 한국의 공신(功臣)만이 아니라, 동양과 세계의 공신이다."라고 평가하였다. 고관오(高冠吾)는 "안중근을 이탈리아의 군인이자 국민 영웅인 가리발디(Giuseppe Garibaldi, 18078~1882)에 버금가는 인물"이라고 평가하였고,

특히 반상루(潘湘濼)는 "일본이 한국을 합병한 후 한인들은 안 씨를 계승하여 일어나 더욱 용맹하였다. 의(義)에 죽은 자가 실로 허다하였다. 온갖 고통을 견디며 나라를 찾으려는 자들은 지금도 마음이 흐트러지지 않고 있다. 모든 것은 안중근이 있어 그 기풍을 만든 것이다."라고 하여 독립운동의 근원적 에너지를 안중근이 제공하였다고 평가하고, 안중근을 이순신이나 가리발디처럼 세계적인 군인과 견주어도 손색이 없으며, 한국 독립군의 선구자로 평가하기도 하였다. 위안스카이(袁世凱)는 "평생을 벼르던 일을 이제야 끝냈구려. 죽을 땅에서 살려는 건 장부가 아니오. 비록 몸은 대한에 있어도 만방에 이름 떨쳤소. 살아 백 살을 못 넘기는데 죽어 천년을 빛내는 구려(平生營事只今畢 死地圖生 非丈夫 身在三韓名萬國 生無百歲死千秋)."라며 안중근을 추모하였다.

우리는 이렇게 정의롭고 훌륭한 군인의 표상이면서 조국 독립과 동양과 세계평화를 위해 순국한 의사의 유해를 발굴하여 한국으로 송환해야 하는 과제를 앉고 있다. 따라서 한국전쟁 중 전사했던 중국군 유해를 발굴하여 한·중 협력을 통해 중국으로 송환했던 사례를 참고하고자 그 과정을 살펴보려고 한다.

Ⅳ. 한국전쟁 참전 중국군 유해 송환 사례

한국은 2014년부터 2023년까지 937구(具)의 중국군 유해를 발굴해 중국에 송환했다. 역사적으로 쌍방 간의 유해 송환은 과거의 상흔을 치유하고 양국 관계를 발전시켜 나가자는 '평화'의 메시지를 담고 있다. 한국전쟁 당시 적대국이었던 중국군 유해를 인도주의적 차원에서 중국으로 송환한 것은 매우 의미 있는 일이었다. 2013년 6월 당시 박근혜 대통령 중국 방문 시 중국군 유해 송환이 "전쟁의 상흔을 가진 양국의 과거를 치유하고, 고향에 있는 유가족들의 품으로 돌려보내기 위한 인도주의적 배려이며, 더 나아가 양국 간 신뢰의 표상"이라고 중국 측에 설명하였고, 같은 해 11월, 중국 정부는 한국과 지속적인 우호 협력을 다져 나가자며 흔쾌히 유해 송환 사업의 수용 의사를 밝혔다. 이에 따라 양국 정부는 2013년 12월 5일, 제네바 협약을 비롯한 국제법과 인도주의·우호 협력 정신에 따라 유해 송환 합의서를 체결하였으며, 2014년 1월 추가 합의를 통해 유해 송환 인도식을 한국 인천공항에서 양국 공동으로 주관하기로 합의하였다.

또한 한·중 양국은 향후 추가 발굴되는 중국군 유해를 매년 중국의 명절인 청명절(淸明節) 이전에 송환하고, 사업을 정례화하는 데 합의하였다. 한국은 중국군 유해 송환의 정확성과 신뢰성을 높이기 위해 노력하고 있다. 한국 국방부 유해발굴감식단(國防部 遺骸發掘鑑識團)이 인종, 성별, 연령 분석 등 법의인류학(法醫人類學) 감식과 각종 전투기록 및 유해·유품의 상관관계 등을 종합적으로 판단하면, 민간 전문가가 포함된 판정심의위원회(判定審議委員會)가 최종적으로 결정한다. 2015년부터는 DNA 검사 등 과학적 방법을 도입하고 있다. 2023년 11월 23일에는 한국 국방부와 중국 퇴역군인사무부(退役军人事务部) 수관으로 중국군 유해 25구를 중국으로 송환하는 제10차 중국군 유해 송환행사를 인천공항에서 거행하였다.

이렇듯 서로 총부리를 겨누고 적대하며 싸웠던 한·중 두 나라도 국제법과 인도주의, 우호 협력을 위해 중국군 유해를 송환했듯 조국 독립과 세계평화를 위해 기꺼이 초개(草芥)와 같이 목숨을 바친 참군인 안중근의 유해를 그의 유언처럼 고국으로 송환하는 일은 우리 후세들이 사명감을 가지고 반드시 이행해야 할 것이다. 한국과 중국 관계기관들의 긴밀한 협력이 그 어느 때보다 절실하다.

V. 결론

안중근은 부유한 가정에서 태어났으나 학문에 심취하기 보다는 무인(武人)으로서의 자질을 연마하는 데 집중하였고, 16세 때 동학군과의 전투에서 중과부적의 열세한 상황에서도 동료들에게 손자병법의 병술을 설파하고 감투 정신을 발휘하여 큰 공을 세웠다. 17, 18세 때에는 군인의 자질을 연마하는 활동을 즐기며 호연지기를 길렀으며, 프랑스 신부를 통해 천주교를 수용하면서 서양 문물을 접하여 세계 정세에도 수준 높은 지식을 보유하게 되어 문무를 겸비한 청년으로 성장하였다.

일제에 의해 을사5조약과 정미7조약이 강제로 맺어져 국내에서의 활동이 제한되자 연해주로 망명하여 의병군에 가담하였으며, 활발한 의병 활동 중에 국가관과 군인관을 더욱 명확히 하였고, 장교로서의 자질을 배양하였다. 특히 포로를 만국공법에 따라 정의롭게 처리한 점, 뜻을 함께하는 동지들과 일치단결하여 목숨 바쳐 조국 독립을 쟁취하기 위해 단지동맹을 결성한 점, 하얼빈에서 이토 처단이라는 작전

목적 달성을 위해 사전 현지 지형정찰 후 주 계획과 예비계획을 빈틈없이 수립한 점, 재판정에서 자신이 군인 신분임을 당당히 밝히고, 자신의 의거 목적이 조국 독립과 동양평화, 나아가 세계평화를 위하는 데 있었음을 명확히 설명한 점, 사형선고 후 목숨을 구걸하는 것처럼 보일 수 있는 항소를 포기한 점 등은 그가 진정한 군인이었음을 보여주는 명백한 증거라 할 수 있다. 또한 중국 선각자들도 안중근을 임진왜란에서 국가를 구한 이순신과 이탈리아 전쟁영웅 가리발디 등 세계적인 군인과 견주어도 손색이 없다고 평가하였다.

또한 안중근이 수감 중에 쓴 유묵 "국가안위노심초사, 위국헌신군인본분, 임적선진위장의무, 견리사의견위수명"은 현재 한국의 군인복무기본법 제5조 제2항, 국군의 사명인 '국군은 대한민국의 자유와 독립을 보전하고 국토를 방위하며 국민의 생명과 재산을 보호하고 나아가 국제 평화유지에 이바지함을 그 사명으로 한다.'와 일맥상통한다는 점에서 안중근을 진정한 군인으로 평가할 수 있다.

한국과 중국은 한국전쟁 중 전사한 중국군 유해를 국제법과 인도주의, 우호 협력이란 기치 아래 중국으로 송환했던 세계적인 모범사례라 할 수 있는 훌륭한 조치를 해 본 경험을 보유하고 있다. 따라서 한국뿐만 아니라 중국에서도 추앙받는 안중근 의사의 유해가 긴밀한 한·중 협력을 통해 조속히 고국으로 송환되기를 기대한다.

제3장
한·중 자유무역협정(FTA) 그 너머, 정부 조달시장 협력 방안[6]
- 안중근 선생의 동양평화론을 생각하며 -

Ⅰ. 아시아 이니셔티브(Initiative) 시대

흔히들 21세기는 아시아의 시대라고 한다. 그 아시아는 '해가 뜬다.' 라는 말에서 유래하였다. 필자는 그 이름대로 아시아가 21세기에 해처럼 하늘 높이 떠 온 지구를 비추기를 소망한다.

그 소망은 아시아를 대표하는 한국과 중국이 (일본을 포함하여) 연대하고 협력하고 미래로 함께 나아갈 때라야 가능하다고 본다. 이러한 소망과 기대는 놀랍게도 100년 전 안중근이라는 젊고 결기 있는 위대한 정치 철학자이자 군인이 죽음을 앞에 두고 세상에 내놓은 ≪동양평

---

6 김진기(법학박사, 변호사, 안중근의사찾기 한·중민간상설위원회 감사), 이 글은 저자가 2024년 6월 29일, 상하이 외국어 대학과 안중근의사찾기 한·중민간상설위원회가 함께한 세미나에서 발표한 원고를 확대 보완한 것이다.

화론≫에 오롯이 남아 있다.

　유럽의 가치, 역사를 기반으로 EU라는 경제정치 공동체를 만들고, EURO라는 공통 화폐, NATO라는 군사공동체 설립은 동양평화론의 유럽 버전으로서 유럽에서 동양평화론이 실제 구현된 모습이다. 최근 영국의 브렉시트로 현행 EU의 일부 모순은 드러났으나 그로 인해 EU의 정체성은 더욱 강화되었고, 회원국 간 연대의 필요성은 당위론으로 진화하고 있다.

　아시아의 유래에 대응하여 정확히 반대로 유럽은 '해가 진다.'라는 말에서 유래하였다. 지역연합 분야에서도 후발주자인 아시아지만 가장 먼저 해가 뜨는 동아시아에서 지역 연대의 찬란한 '해가 뜨기'를 기원한다.

　유럽이 유럽석탄철강공동체(ESCS), 유럽경제공동체(EEC), 유럽연합(EU)으로 발전하면서 평화와 경제 번영을 달성하였고, 그 와중에 유럽의 화약고인 독일 통일을 이루어 진정한 의미의 역내 평화를 이룬 것에 주목한다. 동북아시아도 역내 공동체 발전 과정에서 신뢰를 쌓고, 불필요한 국력 낭비를 줄이고, 무엇보다 역내 평화를 제도화할 수 있을 것이다. 이와 관련한 주요한 제도적 장치로 한·중 FTA의 성숙한 발전을 강조하고 더 큰 의미의 한·중 발전을 위한 한·중 정부조달협정 구상을 제안한다. 논의의 외연을 넓히고자 동양평화론적 사고에 기반을 두어 일본을 포함한 동아시아연합의 큰 뜻도 세워본다.

　상상(想像)이 어려운 시기지만 상상조차도 하지 않으면 아무것도 이루어질 수 없는 것이다. 어려운 가운데서도 상상을 실현하거나 구현하려는 과정에서 축적된 역량은 아시아 이니셔티브를 지속 가능하게 할 수 있을 것이라고 믿어본다.

II. 한국과 중국의 자유무역 시장 현황

한국이 가입한 세계무역기구(WTO) 회원국은 2024년 4월 현재 164개국이다. WTO의 회원국이 되는 것은 기본적으로 국내 시장에서 외국을 불리하게 대우하지 않는다는 원칙에 동의하는 것이고, 결국 무역에서 자유무역을 구현하겠다는 주권 국가의 의지의 표현이다. 물론 회원국이 되더라도 각종 유보(留保)조항으로 전체 협정이나 부속 협정에 가입하지 않은 국가도 상당히 많다.

이런 상황을 해소하고자 각 국가는 양자조약(兩者條約)인 FTA를 통하여 더욱 확대된 자유무역 이념을 구현하고 있다. 대한민국은 전 세계적으로 FTA를 가장 적극적으로 추진하는 국가로서 현재까지 59개국과 21건의 FTA를 체결하였으며, 여타 신흥국가와의 FTA도 지속적으로 추진하고 있다. 중국도 WTO 가입 이후 세계 22개국과 14건의 FTA를 체결하는 것은 물론이고, 자유무역을 구현하기 위한 다양한 노력을 하고 있다. 한국과 중국도 2015년 12월에 FTA를 발효시켰다. 하지만 한일 FTA, 중일 FTA는 체결되지 않았다. 2022년 2월 1일 한국에서도 발효된 역내포괄적경제동반자협정(RCEP, Regional Comprehensive Economic Partnership)에 ASEAN 국가 10개국과 함께 한국, 중국, 일본, 호주, 뉴질랜드 등 15개국이 참여하여 이른바 세계 최대 규모의 자유무역협정까지 체결하였다. 이 정도라면 한국은 세계 최고의 자유무역국이고 중국도 그러한 이념을 추구하고 있기는 하다.

 하지만 여전히 부족한 부분이 있다. 바로 정부조달시장에 대한 개방 정책이다. RCEP에도 정부조달에 대한 협의가 일부 포함되어 있기는 하다. 그러나 WTO 부속 문서로서 정부조달협정(GPA, Government Procurement Agreement)에는 한국과 일본은 가입하고 있으나 중국은 가입하지 않고 있다.

III. 한·중 정부조달시장 개방

 정부조달은 정부가 국민으로부터 징수한 세금을 활용하여 공공재 또는 공공서비스를 구매하는 과정과 절차를 의미한다. 이는 정부가 필요로 하는 자원(물품, 공사, 용역 등)을 획득하는 과정으로, 투명성과 공정한 경쟁을 지향하며 국가 경제 발전에 기여한다. 정부조달에는 해당 국가의 목표와 정책이 반영되므로 원칙적으로 FTA와 WTO 조약에서는 정부조달부분을 제외한 자유무역 구현을 규정하고 있을 뿐이다.

 중국은 WTO에는 가입하였으나 정부조달협정에는 가입하지 않고 있는데 중국이 WTO 가입할 때와는 비교하기 힘든 경제력과 시장을 보유하고 있는 것에 비하여 정부조달협정에 가입하지 않고 있는 것은 정부조달협정이 문제가 있거나 중국의 정책에 문제가 있다고 볼 수밖에 없다. 다만, 여기서는 그러한 문제를 분석하거나 평가하지 않는다. 최소한 한국과 중국이 여전히 서로 문을 열고 있지 않은 정부조달시장의 교류 확대가 한·중 그리고 제외시킬 수 없는 일본에 이르기까지 비가역적 관계 발전과 선린우호의 핵심이 될 것이라는 점을 강조한다.

정부조달협정에서도 예외로 삼고 있는 방위사업 분야에서 한국과 미국이 국방상호조달협정(Defense Procurement Agreement) 체결 논의를 개시한 것은 군수물자 시장에서도 자유무역의 취지를 구현하자는 것이다. 미국은 2023년 말 현재 30여 개국과 DPA를 체결하고 일본과는 체결하였다. 그럼에도 한국과는 지금껏 체결하지 않고 있었다. 물론 DPA가 형식은 양해각서이지만 미국 국방부가 협정체결국과 군수조달 제품의 거래장벽을 없애거나 완화한다는 것은 미국과 모든 것을 교류한다는 의지의 천명으로 보인다. 한국은 2022년 5월 한미 정상회담에서 미국과 DPA 체결 논의를 시작하기로 합의했으나 2년여가 경과한 현재의 시점에서도 뚜렷한 진전은 없어 보인다. 하지만 이러한 논의가 개시되면서 한미 양국 관계의 밀도는 사뭇 다르게 평가된다.

그렇다면 한·중의 관계는? WTO, RCEP의 다자간 민간 교역 시장의 개방 그리고 한·중 FTA 체결 이후에 양국에 쌓인 돈독한 신뢰와 협력 경험 그리고 그로 인한 경제발전의 성과에 한 단계 더 진전된 수준을 요청해 본다. 아직 한·중간에 DPA를 논의할 여건은 조성되지 못하였지만, 정부의 재정사업이나 민간투자사업에 양국의 참여기회 확대는 획기적인 양국 관계의 발전을 견인할 것이다.

Ⅳ. 한·중의 공통 가치를 포함한 아시아적 가치를 담은 정부조달 협력

중국 정부조달법(政府采購法)은 중화인민공화국 헌법 가치를 구현하고자 제1조에서 정부조달 행위를 규범화하고 정부조달 자금의 사용효과를 높이며 국가이익과 사회공공이익 및 정부조달 당사자의 합법적인 권익을 수호하고 청렴 건설을 촉진하는 것을 그 목적으로 한다고 규정하고 있다. 이러한 법률의 취지는 국무원령인 중화인민공화국 정부조달법실시조례(政府采購法 實施條例) 등에 의하여 더욱 구체화되어 있다.

한국은 국가를 당사자로 하는 계약에 관한 법률이 정부조달의 기본 법인데 그 연혁을 살펴보면 한국전쟁이 한창이던 1951. 9. 24. 법률 제217호 재정법(財政法)이고 그 재정법은 1921년 4월 7일 제정된 조선총독부 법률 제42호 회계법(會計法)의 규정과 거의 동일하다. 1921년 시행된 회계법은 일본 회계법에서 연유한 것이고 일본 회계법은 법 명칭도 변경됨 없이 지금까지 일본 정부 조달의 기본규정을 담고 있는 기본법이기도 하다.

정부조달 법제는 국가의 재정지출과 관련된 법이고 제도이다. 국가가 어떤 정책과 어떤 목표를 지향하는가에 따라 전혀 다른 모습으로 구현된다. 결국 정부조달 제도에서 한 국가의 정체성을 명백히 읽을 수 있다. WTO 통계를 보면 정부지출의 50%가 정부조달 시스템을 통해 사용되고, 정부조달 액수는 GDP의 20%에 이르기 때문이다.

이러한 관점에서 FTA와 정부조달 협력은 전혀 다른 시스템이다. 간

단히 말하면 FTA는 민간의 무역 거래를 활성화하여 기업과 국가의 수입(收入)을 얻겠다는 목적이 강하고, 정부조달은 세금으로 집적한 재정을 가장 효율적으로 사용하여 정부 정책을 구현하겠다는 지출(支出)의 방법과 절차에 중점을 두는 것이다. 그러므로 정부조달의 한·중 협력은 FTA와 비교할 수 없는 국가적 차원의 신뢰 증진, 가치공유, 경제교류 그리고 정책 연대를 통한 정치연대까지 가능하게 할 수 있게 된다. 중국과 한국의 정부조달 시장 볼륨은 비교할 수 없을 정도의 큰 차이를 보이는 시장이기는 하다. 하지만 양국에 좀 더 유연하게 접근 가능한 조달 시장에서의 협력과 개방에 대한 아이디어와 상상은 한·중 모두에게 과거에는 상상할 수 없는 이익과 발전을 줄 수 있다고 본다. 그러한 정부조달 시장 접근과 협력에 아시아적 가치를 담는다면, 안중근식 동양평화 완성에 한 걸음 더 다가가는 것이기도 하다.

V. 결론

100년 전 안중근 선생의 '동양평화론'을 다시 꺼내 읽어보면서 100년 전 서세동점(西勢東漸)의 기세에 맞서려는 동아시아 현인의 모습을 느껴본다. 중국은 G2라고 일컬어질 만큼의 국력을 가졌다. 한국도 세계 10위권의 경제 대국이고 성숙한 민주주의 국가로 성장하였다. 이에 더하여 이 글에서도 한·중의 문제를 이야기하면서 지속적으로 포함시켜 온 일본은, 수십 년이래 경제 대국이자 여러 방면에서 세계가 부러워하는 국가로 자리 잡았다. 현재 세 나라의 글과 말은 전혀 달라 특별히 공부하지 않으면 각국의 언어체득이 어렵다.

EU 각국에서 미국의 검색 채널의 독점이 문제될 만큼 같은 검색 채널과 SNS 시스템의 사용으로 실시간 현상과 사상의 공유가 가능한 점에 비교해 볼 때, 한국, 일본, 중국은 각기 다른 검색 채널인 카카오톡, 라인, 위챗이라는 독자적 시스템을 가지고 있다. 말도 안 통하고, SNS도 안 통하는 3개국이다. 좀 더 가까워져야 한다. 한 단계 이상 퀀텀(Quantum)식 성장모델이 필요할 때이다.

한·중간의 FTA를 뛰어넘는 대화와 소통의 방법으로 정부 조달 시장에서의 접근 가능성 확대와 협력을 강조해 보았다. 구체적으로는 한·중 청소년 교류라는 정책 실현을 위한 "한·중 청소년 교류 프로그램 조달사업"이 한국 조달청의 나라장터와 중국 정부 조달망에서 한국과 중국 기업 모두에게 공평하게 입찰 기회를 부여하는 시험적 사업에서 양국 정부 조달시장의 협력의 싹을 틔울 수 있으면 좋겠다.

마지막으로, 우리는 조금 더 상상해야 한다.

제4장
1930~40년대 안중근 의거의 회억과 한·중연대[7]

I. 의거 직후 신문 보도와 안중근 옹호

1900년대 한국 지배를 획책하고, 동양평화를 교란하던 일본 제국주의의 주역 이토 히로부미는 안중근 의사에 의해 죽임을 당했다. 주지하듯이 안중근 의거는 일본에 대한 한국인의 투쟁으로만 받아들여지지 않고, 정의를 추구하는 의인(義人)의 표상으로 받아들여졌다. 러일전쟁 이후 일본의 '동양 제패'에 충격을 받으며, 입헌과 혁명을 추진하던 중국의 인사들은 안중근 의거를 주목하였다. 혁명파는 안중근 의거를 '암살'로 기술하되, '혁명의 주효 수단으로서의 암살'을 강조하며 이를 높이 평가하였다. 반면 온건적 개량주의를 지향하는 입헌파는 일본에 대한 이중적 인식 속에서 양면적인 태도를 보이기도 하였다.[8] 그러

---

[7] 황선익 국민대학교 교수, 이 글은 저자가 2024년 6월 29일, 상하이 외국어 대학과 안중근의사찾기 한·중민간상설위원회가 함께한 세미나에서 발표한 원고를 확대 보완한 것이다.

[8] 손염홍, 「안중근 의거가 중국의 반제민족운동에 미친 영향」, 《한국독립운동사연구》

나 점차 안중근 의거의 전모가 알려지고, 재판이 속개되면서 이러한 인식은 교정되어 갔다.

러일전쟁이 끝났음에도 일본과 러시아가 중국 동북(東北)의 이권을 나누기 위해 협상을 이어가고, 열강의 중국 침략도 노골화하자 중국 민중들은 점차 각성하며 민족혁명에 대한 여론을 조성해 갔다. 이때 안중근 의거가 일어나자, 중국 지식인들은 일본의 중국 침략을 본격적으로 분석하고 보도하였다. 이로써 이토 히로부미의 죽음은 중국이 중일 관계와 동양 정세를 직시하는 계기가 되었다. 그런 가운데, 안중근과 관련한 다양한 신문 보도가 이어졌다.

≪華字日報≫(1909.11.23.)에는 러시아 군인에게 체포되었을 때, 이를 구경하는 중국인들에게 안중근이, "일본은 한·중 양국에 대해 모두 평화를 지키고 연합하여 구미에 대항할 것을 원한다. 갑오년에 이토가 이를 주장하며 전쟁을 일으켰고, 대국을 파괴시켰다. 먼저 조선을 멸망시킨 후 만주를 점령하고 이어서 점차 중국의 주권을 빼앗으려고 한다. 우리 조선은 줄곧 너의 대국의 보호에 의지해 왔는데 결국은 소용이 없었다. 너희는 부끄러운 줄 모르고 왜 나를 구경하러 왔는가."라는 기사가 실리기도 했다.[9] 한편 ≪申報≫(1909.11.28.)는 안중근이 호송하는 일본 경찰에게, "내가 나라를 위해 목숨을 버린 것은 지사가 마땅히 해야 할 천직(天職)이다. 너희들은 나로하여금 객차를 타게 하니, 이렇게 지사를 대하는 것은 극히 예의가 없는 것"이라고 꾸짖었나니, 안

34, 2009
[9] 이와 같은 안중근의 발언은 확인되지 않는다. 보도의 내용보다 중국인의 각성을 촉구하는 보도의 취지에 주목할 필요가 있다.

중근에게 예를 지키지 않는 일본을 비판하기도 하였다.

II. 안중근 의거의 문화적 재현과 반향

안중근 의거에 대한 중국인의 뜨거운 관심에 지식인들은 다양한 방식으로 호응했다. 혁명파의 선전가들은 의거 직후부터 안중근에 대한 소설과 공연을 통해 이를 알려갔다. 그들은 한국 애국지사의 투쟁을 통해 중국인의 애국정신을 각성시키고, 나아가 전제 정권 타도와 열강 침략 저지를 위한 선전 활동을 전개하였다. 우천영(優天影) 극단과 진화단(進化團) 등에서「安重根刺伊藤」연극이 공연되었다. 중국 최초의 근대극 극단으로, 런톈즈(任天知)가 주도하던 진화단은 상하이·베이징·우한·창샤 등 10여 개 도시를 순회하며 공연하였다.

한편 한국의 정세와 안중근 의거를 소재로 한 전기류도 발간되었다. 특히 상하이에서는 한국의 독립운동가와 중국인이 저술한 전기류가 활발하게 발간되었다. 박은식은 1914년 창해노방실(滄海老紡室) 필명으로 대동편집국(大同編輯局)에서 ≪안중근전(安重根傳)≫을 간행하였다. 그중 ≪안중근서(安重根序)≫에는 뤄난산(羅南山)·저우하오(周浩)·한옌(韓炎)·가오관우(高冠五)·판샹레이(潘湘纍)·쩡융(曾鏞) 등 중국 인사들 6명의 글이 수록되었다.

또한 1912년 계림냉혈생(鷄林冷血生)의 ≪영웅루(英雄淚)≫가 상해광익서국(上海廣益書局)을 통해 발행되었다. 한국의 멸망 과정과 안중근 의거를 다룬 이 작품은 역사적 흐름 속에서 일부 사실을 각색하여 구성하였다. 작품은 한국이 국권을 잃어가던 외교적 상황 및 정치 혼란을 인물 중심으로 세밀하게 다루며 중국인의 단결과 각성을 호소하였다. 그러자 일본 상하이 영사관은 대중에게 유포되고 있던 이 책을 확보하여 본국에 보고하며 우려를 표했다.[10] 이 외에 안중근 관련 작품은 현재까지 확인된 것만 수십 편에 달한다. 박은식의 ≪안중근전≫ 외에도 발표된 대표적인 작품으로는 ≪秋風斷藤曲≫(량치차오(梁啓超), 飮冰室文集 1910.2·3)≫, ≪感韓人安重根事次道非見懷詩均≫(가오쉬(高旭), 南社 1912), ≪安重根詩≫(후앙지강(黃季剛), 文藝俱樂部 1912), ≪安重根≫(위안스카이(袁世凱) 多數), ≪謹題安重根先生傳≫(뤄치아린(羅洽霖)≫, ≪健兒行-紀朝鮮志士安重根事≫(창사쉬야헝(長沙徐雅衡), 大夏叢刊, 1915), ≪贈朝鮮刺客≫(왕샤오농(汪笑儂), 寸心 1917), ≪挽韓義士安重根先生≫(저우지광(周霽光), 震壇 1921) 등이 있다.[11] 특히 학계에서 주목하는 대표적인 왕샤오농(汪笑儂) 작품은 다음과 같다.[12]

〈贈朝鮮刺客〉, 汪笑儂(≪寸心雜誌≫, 1917年 第5期)
實行暗殺談何易 암살을 실제로 시행하는 일이 어찌 말처럼 쉬운 일인가?
不報國仇非國民 나라의 원수를 갚지 못하면 국민이 아니리
亞洲演出劇非常 아시아에 특별한 극(劇)이 연출되었으니

---

10 日本 戰前期外務省記錄,「醒世小說英雄淚送付ニ關スル件」(1919.9.22.), ≪新聞雜誌出版物等取締關係雜件≫ 第三卷, 外務省外交史料館
11 최형욱,「安重根 義士를 題材로 한 중국 詩歌 연구Ⅰ-시가 개관과 안중근 애도·찬양 내용을 중심으로」, ≪中國文化硏究≫58, 2021.
12 金晉郁,「安重根 義擧를 통한 中國 知識人의 朝鮮 認識 硏究」, ≪중국인문과학≫제30집, 중국인문학회, 2005

> 絕世雄才此下場 세상에 특출한 영웅이 거기에 등장하였도다
> 小輩荊軻徒謾罵 소인배 같은 형가(荊軻)를 보고 무시하고 꾸짖으며
> 匹夫豫讓但伴狂 필부(匹夫) 같은 예양(豫讓)을 미치광이로 부르도다.
> 蜉蝣大樹今能撼 하루살이가 지금 큰 수목을 뒤흔들고
> 螻蟻長隄未易防 개미도 긴 방죽에 구멍을 내면 막지 못하나니
> 博浪當年錐不利 박랑(博浪)에서 철퇴가 이롭지 못하게
> 副車誤中笑張良 부거에 잘못 맞아 장량(張良)을 비웃도다.

열강의 위협에 시름하던 중국에서 안중근은 구국의 영웅으로 추앙되었다. 안중근은 '형가'와 '장량'을 뛰어넘는 영웅으로 평가되며, 중국인의 마음을 뜨겁게 하였다. 이에 일본은 중국 내 반일 정서를 파악하기 위해 정보 수집에 나섰다. 당시 일본 측 정보 보고에 따르면, 고등소학교 아동 작문 참고서에 안중근이 수록되어 있었다. 즉 이토 히로부미를 저격한 안중근을 찬미하고, 그를 '애국남'이라 칭하며, 애국 감정을 고조시키고 있었던 것이다.[13]

안중근 의거에 대한 반향은 1919년 3·1운동이 일어난 후 다시 재현되었다. 1919년 안중근 의거가 다시 한번 주목을 끈 데에는 여러 이유가 있었다. 첫째, 극동지역 질서를 교란하려는 일본 제국주의의 위협이 배경이 되었다. 제1차 세계대전 막바지에 참전한 일본군은 러시아 내전을 틈타 시베리아 지역 및 만주 지역에서 거점을 확보하여 군사적 지배력을 구축하고 있었다. 둘째, 한국 독립운동에 대한 주목이었다.

---

13 日本 戰前期外務省記錄, 「排日的文書ニ関スル件」(1914.9.), ≪亞細亞帝國諸外國外交關係雜纂／日支間ノ部≫, 外務省外交史料館(B03030217200)

철옹성 같던 일본의 식민 지배에 대해 전민족적으로 저항하는 한국인의 의기에 아시아 제민족이 고무되었다. 셋째, 혁명의 열기에 배치되는 일본의 중국 침략이었다. 신해혁명 이후 반봉건·자주를 지향하던 중국 민중들에게 일본의 21개조 요구와 산둥반도(山東半島) 점령은 반일 열기를 들끓게 하였다. 이때 한국에서 독립운동이 크게 재개되자, 중국 민중들은 안중근을 다시 떠올렸다. 중국 곳곳에서는 '일본 천황을 저격한 안중근을 배워 마침내 장자방(張子房)이 되자'라는 격문이 내걸렸다.[14]

1919년 5·4운동 이후 반일 의식이 고조되면서 연극 공연이 더욱 확산되었다. 안중근을 중국의 민족 영웅에 버금가는 인물로 추앙하면서, 안중근을 소재로 한 연극을 만들어 공연한 것이다. 특히 1919년 톈진 난카이대학(南開大學)에서는 안중근이 이토 히로부미를 저격한 내용의 「안중근」(일명 망국한(亡國恨))을 공연하였다. 이 연극에는 저우언라이(周恩來)와 당시 톈진의 여학교 학생이던 덩잉차오(鄧穎超)가 남장을 하고 출연한 것으로 알려져 있다.

---

[14] 안중근이 처단한 인물은 이토 히로부미였지만, 격문에는 일본 천황을 처단한 것으로 적혀 있기도 하였다. 이는 당시 이토의 상징적 위상을 보여주는 것이기도 하다. 중국 내에서도 이토는 제국주의의 선봉장이자, 일본의 입헌 기틀을 마련한 인물로 받아들여지기도 했다.

Ⅲ. 1930년대 한·중 공동항전 체제의 구축, 안중근의 역사적 소환

1910~20년대 안중근 의사는 한·중 양국의 민중들에게 정의의 표상으로 인식되었다. 한국인에게 제국주의에 맞서 민족의 기개를 보여준 사표로 받아들여졌다면, 중국에서는 족적(族籍)을 떠나 일본에 맞선 영웅 지사로 인지되었다. 1930년대 초반 일본의 중국 대륙침략이 노골화되는 가운데 만주, 상하이 등지에서 중·일 간 충돌이 이어졌다. 이러한 때에 대한민국 임시정부의 한인애국단이 전개한 의열투쟁이 일어났다. 중국의 민중들은 다시금 한국의 혁명 지사에 주목하여, "중국 백만 청년이 하지 못한 일을 한국의 한 청년이 이루었다."라고 칭송했다. 이에 대해 한국 독립운동가들은 중국의 평화가 곧 한국의 평화이며, 양자의 투쟁이 다를 수 없다며 화답했다.

1931년 일제의 9·18 침공이 일어나자, 한국인들은 중국에 대한 일제의 침략에 함께 분개하며 한·중연대를 모색해 갔다. 중국과의 운명적 연대를 지향한 한국의 독립운동 진영에서 안중근은 다시 한번 소환되었다. 1932년 이봉창(李奉昌)·윤봉길(尹奉吉) 의거는 안중근 의거에 이어 한·중관계를 재정립할 수 있는 전기를 마련하였다. ≪신보(申報)≫는 이봉창 의거 다음날 「韓國志士狙擊日皇未成」, 1월 12일 「韓志士李奉昌略歷」를 보도하여 이봉창의 일생과 그의 독립운동에 대한 심정 등을 보도하고, 그를 구국의 영웅으로 평가했다.[15] 양 의거를 통해, 안중근은 국경과 민족을 초월하는 영웅으로 회억(回憶)되었다. 한국의

---

15 石源華,「≪申報≫有關韓國獨立運動暨中韓關係史料述評」, ≪韓國研究論叢≫,第8集, 復但大學 韓國研究中心

혁명열사에 대한 중국 청년들의 관심은 한인애국단과 임시정부로 이어졌다. 이에 한국의 독립운동가들은 중화전국내경(中華全國來京) 학생 대표에게 다음과 같이 회답했다.

"제군이 받은 참혹한 학대, 악랄한 대우는 실로 우리로 하여금 통곡하게 한다. 제군은 중국도 역시 우리와 마찬가지로 망국이 되는 것을 우려할 것이다. 중국은 현재 날로 그 국토가 줄어들고 주권은 침해받고 있다. 그러므로 제군의 구국운동도 역시 국가가 장차 망하려 하는 것을 구하는 운동이다. 제군이 시험 삼아 생각해 보라. 이미 국가가 망하여 떠돌고 조국 밖에 있는 자가 국토를 회복하고 민족을 부흥하려고 하는 그 곤란과 고통이 얼마나 심각한 것인지를…. 우리는 민족을 회복시키기 위해 투쟁하려는 즈음에 의연(依然)한 힘을 가지고 결코 간난(艱難)을 두려워하지 않고 결코 외부적 장애 때문에 뜻을 바꾸지 않는다. 즉 앞서 우리 민족 회복 운동을 위해 희생이 된 자는 안중근, 이봉창, 윤봉길의 여러 열사가 있고 우리는 지금 바야흐로 준비하여 이 열사들의 유지를 계승하고 분투를 계속함으로써 왜놈을 제거하고 국토 회복의 목적을 달성하고자 활동하고 있다."[16]

혁명열사(革命烈士)의 의거가 이어지며 이에 대한 공적 추모의 방안도 모색되었다. 특히 1930년대 중반 윤봉길 의사의 순국일에 맞춰 이를 고양하고자 하는 움직임이 일어났다. 중국 측 인사들도 이러한 순국선열 추모와 국치 기념에 대한 임시정부의 활동에 관심을 기울였다. 한인애국단은 "지난날을 추상하고 현재를 생각할 때 참연히 눈물이 흐

---

16 《대한민국 임시정부 자료집》 28권

르고 비분(悲憤)이 가슴에 가득 차지 않을 수 없다. 생각건대 한갓 슬피 울고 단지 하늘에 있는 우리 열사의 영혼을 위로하는 것 같은 일은 또한 우리 혁명 동지의 뜻이 아니다. 우리가 열사의 뜻을 계승하고 국토를 회복하여 주권을 되찾기 위해 일어나는 것이야말로 순국기념일의 위대한 의의이다."라고 밝혔다.[17] 1939년 순국선열 기념일 제정이 공식적으로 이뤄졌다.[18]

안중근에 대한 역사적 회억은 단순히 문학작품이나 연극에 그치지 않고, 한·중 항일 공동전선의 성명서와 공식 기념을 통해 이뤄졌다. 그리고 이러한 양국 간의 공감은 군사 항전이 본격화되면서 심화되었다. 1940년 창설된 한국광복군은 기관지 ≪광복(光復)≫ 창간지(1941.2)에서 "우리 한·중 양국은 예의지국이다. 신의를 중시하고 더없이 평화를 사랑하는 우리 두 나라가 있으므로 말미암아 반만년 동안 동아시아의 평화가 유지될 수 있었다. 과거에 이러하였을 뿐 아니라 억 천만 대가 지난 장래에도 이와 같을 것이다. 그러나 심히 불행하게도 평화를 지켜왔던 두 나라가 잔악한 일본의 세력에 의해 유린되고 말았다."라며 중국의 불행에 함께 분개하고, 공동항전을 촉구하였다. 불의에 저항하고, 자유를 획득하기 위한 전쟁을 선포한 한국 광복군에게 안중근 의사는 독립전쟁 첫 번째 영웅으로 회억되었다.

안중근 의사는 한국뿐 아니라 중국의 인사들에게 대표적인 혁명열사로 회억되었다. 1943년 임시정부의 3·1절 기념행사에 참석한 펑위샹(馮玉祥)은 '조국을 위해 장렬히 희생한 안중근, 윤봉길 등 한국 혁명

---

17 ≪白凡金九全集≫ 4, 670~671쪽.
18 ≪大韓民國臨時政府 公報≫ 제65호, 1940.2.1.

열사들의 의거'를 열거하며 이들에 대한 깊은 존경의 뜻을 표시한 후, "동맹국의 승리가 멀지 않았으며, 중국이 승리하는 날이 바로 한국이 조국을 다시 찾는 날이 될 것"이라며 공통분투(共同奮鬪)를 촉구하였다.(中央日報, 1943.3.1.) 또한 1944년 한·중문화협회(中韓文化協會)에서는 "한·중 두 나라는 이와 입술의 관계보다도 더 밀접한 관계를 유지하였습니다. 한국에는 제2, 제3의 안중근이 무수히 많습니다. 따라서 한국은 영광된 혁명역사를 가질 수 있었고 앞으로도 그러할 것입니다. 장래 한국은 분명 조국광복과 독립의 목적을 이룰 것입니다. 한국 혁명동지들이 더욱 단결하고 분발하기를 바랍니다"라고 역설하였다.(中央日報, 1944.1.21.)

한국의 독립운동가는 개별적 사건의 주역이 아닌 동양의 평화를 지키려는 일련의 영웅으로 받아들여졌고, 그 중추에 안중근이 있음을 공감하였다. 한국의 임시정부는 이러한 순국선열을 추모하기 위한 공식 기념일을 제정하는 한편, 삼일절 등을 통해 여러 외국 사절과 공감대를 확산하였다. 여러 나라의 외교사절이 상황에 따라 임시정부의 기념 행사에 참가했으나, 중국 인사들과 같은 공감에는 이르지 못하였다. 즉 중국의 인사들은 한국과 중국이 처한 상황이 크게 다르지 않기에 이에 대한 대응도 함께 해야 함을 어느 나라보다 공감하였다.

1937년 7·7사변, 1941년 아세아·태평양전쟁(亞細亞·太平洋戰爭)의 확전이 거듭되는 와중에 한국의 임시정부는 광복군의 군사력을 승강하며 공동항전의 물리력을 강화해 갔다. 군대를 통해 일대전쟁(一大戰爭)을 앞둔 한국의 독립운동 진영은 다시금 안중근을 떠올리며 동양의 평화를 추구했고, 그런 한국의 독립운동에 대해 중국의 언론과 민중들은 지지와 성원을 아끼지 않았다.

1945년 11월 한국 임시정부의 귀국을 환송하는 자리에서 샤오위린(邵毓麟)은 다음과 같이 밝혔다. "아세아 대륙을 아무리 둘러보아도 한국 혁명자들보다 용감하고 결연하게 식민지 혁명독립운동을 전개하여 감동적인 성과를 거둔 사례를 찾아볼 수 없다. 안중근의 이토 히로부미 제거, 60 노옹인(老翁人) 강우규의 조선 총독 사이토 마코토(齋藤實) 암살미수, 시라카와 요시노리(白川義則) 등을 단죄한 윤봉길의 상해 의거 등, 한국 독립혁명 운동자들이 이룬 위대한 사적(史蹟)은 이루 헤아릴 수 없을 정도이다." 귀국을 목전에 둔 혁명가에게 중국인들은 시대적 사명이 이뤄지길 기원하며 새로운 한·중관계를 희망했다.

제5장
경제 안보 시기 안중근 의사의 동양평화론을 통한 동북아(한·중·일) 경제 협력방안 모색[19]

Ⅰ. 서론

한국의 영웅 안중근 의사는 독립운동가이자 동양평화론을 주장한 사상가이다. 1909년 10월 26일, 하얼빈역에서 동양평화를 위해, 이토 히로부미를 주살했다. 이후, 관동도독부감옥서(뤼순감옥)에 수감 당시, 안중근 의사는 자서전 ≪안응칠역사≫와 ≪동양평화론≫을 저술했다. 비록 안중근 의사는 ≪동양평화론≫을 완성하지 못하고 순국했지만 다섯 부분 [서(序), 전감(前鑑), 현상(現狀), 복선(伏線), 문답(問答)] 중, '서'와 '전감'은 남아 있어서 안중근 의사의 동양평화에 대한 사상을 살펴볼 수 있다.[20]

---

[19] 김이슬 하얼빈 이공대학교, 안중근의사찾기 한·중민간상설위원회 이사, 이 글은 저자가 2024년 6월 29일, 상하이 외국어 대학과 안중근의사찾기 한·중민간상설위원회가 함께한 세미나에서 발표한 원고를 확대 보완한 것이다.

다음은 ≪동양평화론≫의 '서' 첫 부분에서 당시 세계 상황에 대해 언급한 내용이다.

무릇 '합하면 성공하고 흩어지면 실패한다'라는 말은 만고불변의 진리이다. 지금 세계는 지역이 동쪽과 서쪽으로 갈라지고 인종도 제각기 달라 서로 경쟁하기를 마치 차 마시고 밥 먹는 것처럼 한다. 농사짓고 장사하는 일보다 예리한 무기를 연구하는 일에 더 열중하여 전기포·비행선·침수정을 새롭게 발명하니, 이것들은 모두 사람을 해치고 사물을 손상시키는 기계이다.[21]

안중근 의사는 「한국인 안응칠 소회」에서도 당시 서세동점, 일제 침략의 야욕이 확장되는 등의 시대 상황에 대해 "…상등 사회의 고등 인물들은 의논한다는 것이 경쟁하는 것이요, 연구한다는 것이 사람 죽이는 기계라 그래서 동서양 육대주에 대포 연기와 탄환 빗발이 그칠 날이 없으니…."[22]라며 개탄하였다. 위와 같이, 당시 패권주의와 제국주의가 횡행하던 시대 상황은 현재와 흡사하다고 할 수 있다. 현재, 세계는 패권 경쟁, 자국 우선주의, 보호무역주의, 끊임없는 전쟁 등으로 세계화에 역행하고 있으며, 첨단기술이나 첨단 산업 분야의 중요성이

---

20 안중근 의사 자서선 ≪안응칠역사≫에 따르면, 안 의사가 고등법원장 히라이시(平石)와의 면담 중, ≪동양평화론≫ 저술을 하고 싶으니 사형 일자를 한 달 늦춰줄 것을 제안하자 히라이시는 2~3개월 넘게라도 특별히 허가할 것이니 걱정하지 말라고 했다. 이에 안중근 의사는 공소권 포기를 청원하고 '동양평화론'의 저술을 시작했다(안중근, 2020, ≪안응칠역사; 비판정본≫, 독도도서관친구들, p.280-281). 하지만 히라이시는 약속을 지키지 않았고 안중근 의사는 1910년 3월 26일, 관동도독부감옥서 사형장에서 순국했다.
21 안중근(2019), ≪동양평화론; 비판정본≫, 독도도서관친구들, p.85
22 윤병석(2011), ≪(한국독립운동사자료총서 제28집) 안중근 문집≫, 독립기념관 한국독립운동사연구소, p.586

커지게 되고, 이것들을 국제적으로 교류하는 과정에서 자국의 안보를 내세우면서 '경제 안보(economic security)' 개념이 확산하게 되었다.

경제 상황이 국제 정치 상황과 만나는 과정에서 지정학적 리스크를 일으키는데, 공급망도 지정학적 리스크가 내재되어 그에 대한 문제가 불거지고 있다. 상호의존의 관계 속에서 네트워크를 하나의 무기로 활용하게 되는 갈등이 실제로 벌어지는 것이다. 이런 현실은 글로벌한 차원에서의 원자재 공급이나 다양한 무역 문제와 연결되어 있다.

미·중 전략경쟁 이후, 부상한 경제 안보로 인해, 세계는 자유무역에서 보호주의로 변화하고 있다. 또한, 세계적인 공급망은 해체, 재편되는 과정이 진행 중이다. 이는 디리스킹(de-risking), 리쇼어링(reshoring), 프렌드쇼어링(friendshoring), 자원민족주의(resource nationalism) 현상 등의 모습으로 나타나고 있다. 뿐만 아니라, 다자통상 규범이 무력화되고 반도체 등 첨단기술의 전략적 위상이 커지면서 산업, 경제가 외교, 안보적 고려에 의해 크게 영향을 받는 상황이 일반화되고 있다.

이와 같은 패권 경쟁과 자국 우선주의가 쟁점인 현재, 평화주의자 안중근 의사의 동양평화 사상, 평화 사상이 떠오르지 않을 수 없다. 안중근 의사는 동아시아 지역공동체 및 경제공동체, 한·중·일 FTA의 필요성이 나오기 전부터 한·중·일의 정치공동체 및 경제공동체 구성의 필요성에 대해 언급했다. 다음은 안중근 의사와 관동도독부 고등법원장과의 면담 기록인 「정취서(聽取書)」 내용 중 일부이다.

…뤼순을 개방한 일본, 청국(淸國), 그리고 한국이 공동으로 관리하는 군항으로 만들어 세 나라에서 대표를 파견해 평화회의를 조직한 뒤 이를 공표

하는 것이다. …일본은 수출도 많이 늘게 되고 재정도 풍부해져서 태산과 같은 안정을 얻게 될 것이다. 청과 한국 두 나라도 함께 그 행복을 누리고 세계에 모범을 보여 줄 수 있게 된다. 그리고 청과 한국 두 나라는 일본의 지도 아래 상공업의 발전을 도모하게 될 것이다. 따라서 패권이라는 말부터 의미가 없어지고 만주 철도 문제로 파생되고 있는 분쟁 같은 것은 꿈에도 나타날 수 없게 된다. 이렇게 함으로써 인도(India), 태국(Thailand), 베트남(Vietnam) 등 아시아 각국이 스스로 이 회의에 가맹하게 되어…[23]

이렇듯 평화는 지배나 패권이 아니라 공존이다. 안중근 의사의 동양평화 사상을 통해 현시기에 맞는 동북아 한·중·일 3국의 평화적 공존과 공영의 길을 찾을 수 있으리라 판단된다.

2023년 10월, 싱하이밍(邢海明) 주한·중국대사도 축사에서 한·중·일 FTA 협상을 신속히 추진하는 등, 3국+X 협력 지속을 추진해야 한다는 견해를 밝혔다.[24] 한국에서도 한·중·일이 차지하는 경제 규모에 비해 블록도 없고, 3국 FTA도 형성되어 있지 않다는 것을 지적하며, 일반 산업 분야에서 협력 강화 필요성에 대한 의견이 있다.[25] 이처럼, 한·중·일 3국은 제도적 통합이 이루어지지 않은 상태에서도 지리적 인접성과 심화된 산업구조의 연관성으로 빠르게 역내 교역량이 증가했는데, 3국의 전체교역에서 3국 간 역내 교역이 차지하는 비중은 1990년

---

[23] 윤병석(2011), ≪(한국독립운동사자료총서 제28집) 안중근 문집≫, 독립기념관 한국독립운동사연구소, p.559
[24] 「아시아경제」(2023.10.12.), "싱하이밍 "韓中日 협력 중요…FTA 협상 신속 추진해야""
[25] 「쿠키뉴스」(2023.09.21.), "한·중·일 경제협력으로 전략 우위 선점해야"

12.3%에서 2016년 33.4%로 증가했다. 이 비중은 제도적 경제통합 없이 시장적 기능만으로 이루어진 것으로 보면 상당히 높은 것이다(강보경, 2017).[26]

경제 안보가 부상한 상황에서 자국 우선주의, 보호주의의 추세를 보이지만, 한·중·일은 지리적 인접성과 심화된 산업구조의 연관성, 상호 가장 큰 경제적 이해관계를 맺고 있을 뿐 아니라, 3국이 세계에서 차지하는 경제적 규모/교역량의 비중 또한 낮지 않다. 이런 상황에서 3국은 역사적 감정을 내려놓고 긴밀한 경제협력 및 경제통합을 이룬다면 더 큰 경제적 효과를 기대할 수 있고 공동 번영의 길로 나아갈 수 있을 것이다.

이처럼, 한국·중국·일본의 경제협력을 통한 효과 및 필요성에 따라, 경제 안보 시기, 동북아 한·중·일 3국의 공동 번영을 위해, 경제 안보 관점에서 한·중·일 경제교류를 살펴보고, 안중근 의사의 동양평화론 정신에 근거해 경제협력 방안을 모색해 보고자 한다.

---

[26] 강보경(2017), 「동아시아의 지역경제통합체유형과 무역구조 분석」, 國際商學, 32(4), 215-226

II. 이론적 배경 및 선행연구

2.1 경제통합(economic integration)

경제통합이란 각 나라 사이에 존재하는 부분적인 경제 관계를 통일하여 하나의 경제권을 형성하는 것을 의미한다. 그동안 분리 운영되어 오던 개별국가의 경제가 서로의 경제적 국경과 차별을 철폐하고 큰 경제블록 또는 공동체로 통합된다는 것을 의미한다(박종돈, 2020).[27] 세계 속의 지역경제 통합의 흐름은 처음에 GATT, WTO에 의한 다자간 통합에서 1990년대 말부터 점차 양자 FTA 시기를 거쳤으며 최근에는 CPTPP, RCEP와 같은 광역 지역통합으로 주류가 전환되었다(임반석, 2014).[28] 또한, 미중 전략경쟁 이후, 경제 안보가 대두되며 공급망 등 새로운 통상 의제에 대해 참가국이 함께 대응하기 위해, 미국이 주도하는 다자 경제협력체인 IPEF[29]가 2022년 5월 23일 공식 출범했다.

B. Balassa의 지역경제유형론(typology of regional economic cooperation)에 의하면 경제통합은 아래와 같은 형태들이 있으며, 보통 단계의 순서대로 통합의 정도가 진전된다 {[1단계] free trade area→[2단계] customs union→[3단계] common market→[4단계] economic union→[5단계] complete

---

[27] 박종돈(2020), ≪Understanding international business≫, CHAEKYEARN
[28] 임반석(2014), 「TPP와 동아시아 RCEP의 경합과 보완의 가능성」, 한국동북아논총, 70, 83-112
[29] Indo-Pacific Economic Framework. 참여국은 미국, 한국, 일본, 호주, 인도, 브루나이, 인도네시아, 말레이시아, 뉴질랜드, 필리핀, 싱가포르, 태국, 베트남, 피지 등 14개국. 2024년 4월 17일, 한국 정식 발효(연합뉴스(2024.04.12.), "공급망 위기시 14개국 공동대응…IPEF 공급망협정, 17일 발효").

economic union). 경제통합을 통한 후생 효과를 규명한 이론으로는 J.Viner의 관세동맹 이론과 대시장이론이 있다. 관세동맹 이론에서는 관세동맹 형성 시, 발생할 수 있는 경제적 효과를 무역창출효과(trade creation effect)와 무역전환효과(trade diversion effect)로 구분하여 설명하고 있다. 대시장이론은 경제통합에 따른 시장 규모의 확대나 경쟁의 변화를 통한 동태적 효과를 강조하는 이론이다. 경제통합을 통한 각 가맹국의 동태적 이익은 시장의 확대에 따른 규모의 경제(무역장벽 제거로 시장이 확대되면 기업은 규모의 경제 발생)와 경쟁의 강화(경쟁압력의 증가로 기업의 효율 및 생산성 향상, 규제 완화, 구조개혁으로 산업구조 고도화), 투자유치 효과(역내시장 지향의 제3국 기업 투자가 증가)에 따른 이익으로 구분할 수 있다.

동아시아 경제통합 논의의 첫 출발은 1997년 12월에 개최된 ASEAN+3(한·중·일) 정상회의에서 이뤄졌다. 기존의 ASEAN 정상회의에 한·중·일 정상을 초청하여 외환위기 극복을 위한 동아시아 역내 금융협력 방안을 모색하였고(고민창·아마르자르갈 강덜거르, 2022)[30], 2005년 12월 쿠알라룸푸르에서 개최된 ASEAN+3 정상회담에서 ASEAN 10개국과 한·중·일 간의 합의로 동아시아 지역공동체 구축을 기본으로 하는 '쿠알라룸푸르 선언'이 채택되기도 하였다. 한편 일본은 ASEAN+3에 인도, 호주, 뉴질랜드를 추가한 ASEAN+6을 제안하면서 통합에 대한 주도권경쟁이 가속화되고 있다. 1997년 아시아 금융위기

---

[30] 고민창, 아마르자르갈 강덜거르(2022), 「동아시아 경제권의 통합과 성장 : 패널자료 분석」, 한·중관계연구, 8:2, 163–182

를 계기로 제기된 한·중·일 3국의 경제협력체 구성의 필요성은 한·중·일 FTA 체결로 이어지는가 했지만, 2012년 11월, 한·중·일 FTA 체결을 위한 협상개시가 선언된 이후, 2013년부터 2019년까지 16차례 공식협상이 개최되었으나 협상이 중단된 상황이다. 이후, 2020년 11월, 최종 타결·서명이 이뤄진 아시아·태평양 지역을 하나의 자유무역지대로 통합하는 RCEP에는 한국, 중국, 일본 3국 모두 회원으로 되어 있으며, ASEAN 10개국, 호주, 뉴질랜드가 참여했다.[31]

이러한 상황에서 동아시아, 한·중·일의 경제협력 및 경제통합에 대한 연구도 지속적으로 이뤄지고 있다. 김봉길(2012)[32]에서는 한·중·일 사이의 역내 무역·분업구조 분석을 통해 한·중·일 FTA의 필요성과 가능성에 대해 논의를 진행했다. 김기석(2017)[33]에서는 경제협력이 결여된 안보동맹의 유지가 어렵듯 불안정한 안보 여건에서 경제협력과 발전의 장기지속이 어렵다고 지적하였는데, 임반석(2021)[34]에서도 비슷한 의견으로 통합의 비용과 편익에 대한 냉철한 검토가 필요하며, 제도적 통합이 지역의 안정과 번영, 국익과 민족의 자존을 위해 필요한지 본질적인 고민도 함께해야 한다고 했다. 또한, 유럽통합 과정에서 베네룩스 3국이 균형자로서 중요한 역할을 했듯이 균형자 및 위험 관리를 위한 다양한 장치 마련도 필요하다고 보았다. 한편, 송림림(宋琳

---

31 2022년 1월 1일, 비준을 마친 나라들에서 공식 발효
32 김봉길(2012), 「한·중·일FTA의 필요성과 정책적 함의: 경제·지정학적 환경 변화를 중심으로」, 아태연구, 19(3), 215-246
33 김기석(2017), 「경제 안보연계분석: 동아시아에 대한 적실성의 점검」, 한국과 국제정치, 33(2), 1-34
34 임반석(2021), 「지역통합 관점에서 본 유럽의 과제와 동아시아의 문제」, 국제지역연구, 25(4), 89-116

琳)(2023)[35]에서는 'ASEAN+3' 지역이 앞으로 전 세계 경제 성장의 주요 견인 역할을 할 것이고, 한·중·일은 동맹합작 문제에 더 많은 독립성과 활동성 유지가 필요하다고 보았다.

2.2. 동양평화론

안중근 의사의 동양평화 사상은 안중근 의사가 관동도독부감옥서에 수감되기 전부터 몇 년간 사색해 오던 내용[36]으로 옥중에서 ≪동양평화론≫을 저술함으로써 그 내용을 남겼다. 상술한 바와 같이 '서, 전감, 현상, 복선, 문답'의 구성으로 미완이지만 '서'와 '전감'만이 기록돼 있다. 안중근 의사와 일본 관동도독부 고등법원장의 면담 내용인 「청취서」 등 안 의사가 '동양평화'에 대해 언급한 다른 기록들에서 안 의사의 동양평화 사상 및 이론을 살펴볼 수 있다.

그 주요 내용은 초국가적 통합의 방안으로 한·중·일 3국의 정치공동체 및 경제공동체 건설, 3국 공동의 평화유지군 창설로 동양평화를 구축(뤼순(旅順)을 중심으로 '평화회' 조직, 3국 공동의 은행 설립, 공용화폐 발행, 3국 공동의 군대 창설, 각 이웃 나라의 언어 교육, 조선과 청(淸)은 일본의 지도를 받아서 상공업 발전 도모, 로마(Rome) 교황을 방문해 서로 협력 맹세 및 세계인의 신용을 얻는 것)하자는 것이다(안중근, 2019).[37] 안중근 의

---

35 宋琳琳(2023), 「RCEP框架下中日韩与东盟经贸合作研究」, 学习与探索. 2023(08), 125–131
36 윤병석(2011), ≪(한국독립운동사자료총서 제28집) 안중근 문집≫, 독립기념관 한국독립운동사연구소, p.557
37 안중근(2019), ≪동양평화론; 비판정본≫, 독도도서관친구들, p.25

사의 ≪동양평화론≫은 유럽연합(EU)보다 앞서 저술되었으면서도 유럽통합 사상이 포괄하고 있는 내용을 이미 담고 있다(노명환, 2010).[38]

안중근 의사의 ≪동양평화론≫에 대해 오영달(2016)[39]에서는 칸트(Kant)의 ≪영구평화론(Perpetual Peace)≫과의 공통점을 논하며 비교했다. 칸트의 ≪영구평화론≫과의 공통점으로 인해 안중근 의사의 ≪동양평화론≫이 칸트의 영향을 받았을 가능성을 제기한 연구도 있다.[40] 한편, 신운용(2005)[41]에서는 러일전쟁 전후로 일제의 침략성을 인식한 한국인들이 '민족경쟁'과 '동양평화론'을 일제의 대항 논리로 내세웠고 안중근 의사도 이런 당시 사상의 흐름 속에서 동양평화론을 주장한 것이라 하며, 이토 히로부미의 대외침략적 '극동평화론(極東平和論)'과 일제의 침략에 대항하는 논리로 구축된 안중근 의사의 '동양평화론'을 비교했다. 김월배(2011)[42]에서는 이상의 선행연구에서 진행한 비교연구에서 더 나아가, ≪동양평화론≫의 전감에 추가해 볼 수 있는 내용으로, '노동의 자유로운 이동 보장을 위한 노동정책의 통일, 연구 기술 개발의 공동정책, 경제사회위원회의 설치, 지역위원회의 설치, 각종 장벽의 제거'를 제시했다.

---

[38] 노명환(2010), 「유럽통합 사상과 역사에 비추어 본 안중근 동양평화론의 세계사적 의의; 안중근의 동양평화론은 초국가주의 지역공동체 창설 제안?」, 국제지역연구, 13(4), 181-206

[39] 오영달(2016), 「안중근 평화주의의 기초: 칸트 영구평화론과의 비교 관점」, 한국보훈논총, 15(1), 7-30

[40] 2009년 조선민족예술관 8.15강연에서 서울대 이태진 교수가 제기(김월배, 2011).

[41] 신운용(2005), 「安重根의 '東洋平和論'과 伊藤博文의 '極東平和論'」, 역사문화연구, 23, 131-178

[42] 김월배(2011), 「안중근 의사의 애국주의 경제관과 지역 경제 공동체 논의」, 紀念安重根義士義擧102周年學術研討會論文集, 松花江, 特刊, 91-97

III. 한·중·일 경제교류 분석

본고는 경제 안보 시기, 동북아 한·중·일의 공존과 공영을 위해, 안중근 의사의 동양평화 정신에 근거해 경제 안보 관점에서 경제협력 방안을 모색해 보기 위해, 우선, 3국의 경제 안보 인식 및 정책에 대해 살펴본 뒤, 3국의 경제교류에 대해 분석해 보고자 한다. 한국·중국·일본이 세계시장과 3국 간 교역에서 보이는 비교우위를 통해 우위가 있는 산업 및 세부 품목, 중점과학기술 및 하이테크산업 분야를 분석한 뒤, 3국의 경제협력 방안을 모색해 보도록 하겠다.

이를 위해, 3장에서는 무역특화지수(TSI : Trade Specialization Index)를 사용하여 경제 안보가 대두되기 시작한 시기(2018년 이후)의 한·중·일 세계시장 및 3국 간 교역 내 수출경쟁력을 분석하고자 한다. 무역특화지수는 어떤 산업이나 품목이 특정 시장에서 보이는 수출특화를 평가하는 지표이다. 수출입에서 어떤 산업이나 품목에 대한 비교우위 정도, 즉 무역경쟁력 측정 방법으로 활용된다(TSI는 −1에서 1 사이의 값을 가지는데, 1에 가까우면 수출에 특화돼 경쟁력이 강한 것을 의미하고, −1에 가까우면 수입에 특화돼 경쟁력이 약한 것을 의미).[43]

---

43 0.7 이상은 수출특화, 0.0~0.7은 수출우위, 0.0~−0.7은 수입우위, −0.7 이하는 수입특화로 구분 가능

$$TSI_{kw}^{i} = \frac{X_{kw}^{i} - M_{kw}^{i}}{X_{kw}^{i} + M_{kw}^{i}}$$

X_j^i : i국 j산업의 수출액,
M_j^i : i국 j산업의 수입액

본고에서는 3국의 무역특화지수 분석을 통해 비교우위를 알아보기 위해, 3국의 산업 및 세부 품목, 첨단 산업 분야의 수출액과 수입액 자료를 수집·정리·산출하였다.

3.1. 한·중·일 경제 안보 인식 및 정책

한국에서는 기존 경제 안보 관련 법률 중 '산업기술의 유출방지 및 보호에 관한 법률', '국가첨단전략산업 경쟁력 강화 및 보호에 관한 특별조치법'이 존재한다. 또한, 최근 경제 안보에 대한 중요성이 부각되며 이에 관한 많은 법률의 제·개정이 추진되었다(공급망 관련 3법: '소재·부품·장비 특별법', '경제 안보를 위한 공급망 안정화 지원 기본법안(공급망 기본법)', '국가자원안보에 관한 특별법안(자원안보법)']. 2022년 5월에는 외교부에 경제 안보외교센터를 개소하여 경제 안보 외교를 위한 정책 수립의 업무를 담당하고 있다.

중국에서는 시진핑 정부 시기, '총체 국가안보관'을 바탕으로 국가 안보 관련 기구로 '중앙국가안전위원회'를 신설했다. 경제 안보 관련 법률로 '반외국제재법(反外國制裁法, 2021년 6월 발효)'이 대표적인데 외국의 제재에 대해 보복 조치를 할 수 있는 법이다. 또한, '不可靠实体清

单规定', '中华人民共和国出口管制法', '阻断外国法律与措施不当域外适用办法' 등 경제 안보에 대응 가능한 법률을 제정했고(2020년 9월~2021년 1월), '수거안전법(数据安全法)'(2021년 9월 시행)을 통해 데이터, 에너지·자원 등의 안보를 강화하고 있다.

일본에서는 기시다(岸田文雄) 내각의 '경제 재정 운용과 개혁의 기본방침 2021', '통합 이노베이션 전략 2021', '성장전략 실행계획 2021', 새로운 자본주의 실현회의의 '긴급제언' 등에서 모두 '경제 안전보장'을 핵심 정책 중 하나로 제시했다. 2021년, '경제안보상'을 신설했고, 산하에 경제안보연구기관 및 국가안전보장국 설치와 더불어, 2022년에는 '경제안전보장추진법'을 제정했다.

이처럼, 한·중·일 3국 모두 첨단기술 등의 방면에서 경제 안보를 엄중히 여기고 경제 안보 관련 기구를 설치 및 관련법과 제도를 날로 강화하고 있다는 것을 확인할 수 있었다.

3.2. 한·중·일 무역경쟁력 비교

본고는 한·중·일의 무역경쟁력 비교에 앞서 3국의 무역 현황을 살펴보고, 무역특화지수(TSI)를 통해 한·중·일의 대세계 및 상대국에 대한 무역경쟁력 변화 및 특징을 분석하고자 한다.

3.2.1. 한·중·일 무역 현황

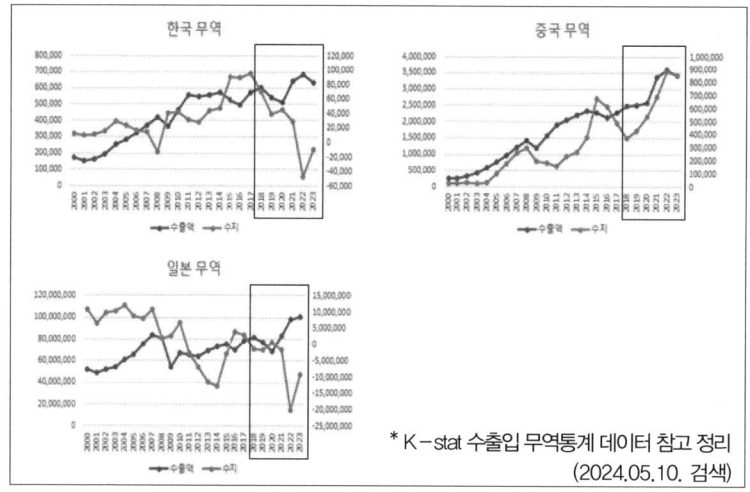

〈그림 1_한국·중국·일본의 무역 현황〉

위의 그래프에 나타난 바와 같이, 지난 20년 동안, 동북아시아 3국 (한·중·일)의 수출액은 증가와 감소를 반복하면서 지속적으로 증가세를 나타내고 있다. 경제 안보가 대두되기 시작한 2018년부터 최근까지의 수출액과 무역수지를 살펴보면, 한국과 일본이 비슷한 모습을 나타내고 있다. 양국의 수출액은 2020년까지 감소세를 보이다가 2020년부터 2022년 사이에 큰 폭으로 증가한 데에 반해, 무역수지는 감소세를 보이며, 특히 2021년과 2022년 사이에 큰 폭으로 감소한 것으로 나타났다가 최근 다시 증가했다. 중국의 수출액은 2020년과 2021년 사이에 큰 폭으로 상승 후, 2022년과 2023년 사이에 소폭 감소한 것으로 나타났다. 2015년부터 감소했던 중국의 무역수지는 오히려 경제 안보 시기 꾸준히 증가한 것으로 나타났다.

이를 통해, 경제 안보 시기 한·중·일 3국의 수출액은 상승했다는 것을 확인할 수 있었고, 2022년까지 한국과 일본의 무역수지는 수출액 증가에 반해 감소했지만, 중국의 무역수지는 꾸준히 증가함을 확인할 수 있었다. 하지만, 2022년과 2023년 사이, 한국과 일본의 무역수지가 큰 폭으로 증가한 것에 반해, 중국은 소폭 감소한 것을 확인할 수 있었다.

다음은 한·중·일 각국의 교역에서 얼마만큼의 비중을 차지하는지 확인해 보도록 하겠다.

〈표 1〉 한·중·일의 교역 중 각국이 차지하는 위치(순위)

		한국의 교역국 순위		중국의 교역국 순위		일본의 교역국 순위	
		수출국	수입국	수출국	수입국	수출국	수입국
2000	한국	–	–	4위	3위	3위	3위
	중국	3위	3위	–	–	4위	2위
	일본	2위	1위	3위	1위	–	–
2005	한국	–	–	4위	2위	3위	6위
	중국	1위	2위	–	–	2위	1위
	일본	3위	1위	3위	1위	–	–
2010	한국	–	–	4위	2위	3위	6위
	중국	1위	1위	–	–	1위	1위
	일본	3위	2위	3위	1위	–	–
2015	한국	–	–	4위	1위	3위	4위
	중국	1위	1위	–	–	2위	1위
	일본	5위	2위	3위	4위	–	–
2020	한국	–	–	5위	3위	3위	5위
	중국	1위	1위	–	–	1위	1위
	일본	5위	3위	3위	2위	–	–
2023	한국	–	–	4위	3위	3위	7위
	중국	1위	1위	–	–	2위	1위
	일본	4위	3위	3위	4위	–	–

*K-stat 무역통계 참고 정리(2024.05.07. 검색)

〈표 1〉과 같이, 20년 이상, 3국의 교역액 순위는 10위 권 안에 있다는 것을 통해, 3국은 오랜 기간 무역에서 활발한 교류를 하고 있는 것을 확인할 수 있었다. 특히, 중국은 한국과 일본의 수출과 수입에서 모두 큰 비중을 차지함을 확인할 수 있었다. 이어서, 3국의 무역특화지수를 통해, 무역 교류 시장에서 어떤 품목이 수출 특화를 보이는지 3국 내에서 비교우위가 어떠한지 무역경쟁력을 측정해 보고자 한다.

3.2.2. 한국·중국·일본의 무역경쟁력

1) 세계 속 한국·중국·일본의 무역경쟁력

한·중·일 무역경쟁력을 알아보기 위해 상술한 바와 같이, 무역특화지수(TSI)를 활용하였다. 우선, 2018년부터 2023년까지 한국·중국·일본의 HS code 2자리를 통해 각국의 상위 5개 수출 품목을 조사한 결과, 3국 공통으로 84(원자로·보일러·기계류와 이들의 부분품), 85(전기기기와 그 부분품), 87(철도용이나 궤도용 외의 차량과 그 부분품·부속품)이 거의 상위 3위 품목을 차지하는 것을 확인할 수 있었다. 또한, 39(플라스틱과 그 제품)는 한국과 중국의 상위 수출 품목 중 하나이고 90은 중국과 일본의 상위 수출 품목 중 하나이다. 이밖에, 27(광물성 연료·광물유와 이들의 증류물, 역청물질, 광물성 왁스)은 한국에서, 94(가구)는 중국에서, 00(종류가 분류되지 않는 상품, 거래)은 일본에서 3국 내에서 중첩되지 않지만, 각국에서 보이는 상위 5개 품목 중 하나이다. 00은 분류되지 않는 품목으로 이를 제외한 산업별 한·중·일의 대 세계 무역특화지수

변화를 살펴보겠다.

〈표 2〉 산업별 한·중·일 대 세계 무역특화지수(TSI) 변화

산업	국가	2018	2019	2020	2021	2022	2023
원자로·보일러·기계류 및 그 부분품	한국	0.127*	0.157*	0.084*	0.047*	0.033*	0.071*
	중국	0.360*	0.373*	0.393*	0.406*	0.464*	0.444*
	일본	0.340*	0.320*	0.289*	0.349*	0.328*	0.303*
전자기기 및 그 부분품	한국	0.371*	0.263*	0.258*	0.272*	0.230*	0.178*
	중국	0.120*	0.149*	0.128*	0.146*	0.195*	0.242*
	일본	0.039*	0.021*	0.029*	0.020*	−0.029	−0.060
운송기기 및 그 부분품	한국	0.568*	0.580*	0.497*	0.540*	0.555*	0.612*
	중국	−0.041	−0.005	0.016*	0.163*	0.301*	0.465*
	일본	0.724**	0.725**	0.722**	0.713**	0.720**	0.727**
플라스틱 제품	한국	0.494*	0.478*	0.466*	0.506*	0.497*	0.467*
	중국	0.033*	0.082*	0.152*	0.226*	0.314*	0.368*
	일본	0.214*	0.218*	0.261*	0.272*	0.193*	0.191*
정밀, 광학기기 및 그 부분품	한국	0.108*	0.064*	0.017*	−0.005	−0.109	−0.130
	중국	−0.179	−0.104	−0.104	−0.056	−0.074	−0.051
	일본	0.198*	0.160*	0.181*	0.208*	0.164*	0.115*
석유제품 및 코크스	한국	−0.508	−0.502	−0.546	−0.549	−0.543	−0.520
	중국	−0.764	0.373*	−0.783	−0.810	−0.785	−0.785
	일본	−0.858	−0.835	−0.865	−0.876	−0.866	−0.877
가구	한국	−0.287	−0.325	−0.447	−0.496	−0.480	−0.453
	중국	0.920**	0.932**	0.948**	0.955**	0.958**	0.961**
	일본	−0.747	−0.766	−0.805	−0.800	−0.812	−0.810

* K-stat 수출입 무역통계 데이터(2024.05.07. 검색)를 바탕으로 산출

'원자로·보일러·기계류 및 그 부분품'에서는 3국이 모두 세계에서 수출 우위를 나타내고 있는데 중국과 일본이 한국보다 수출에 우위를 보이고 있다. '전자 기기 및 그 부분품'에서는 한국과 중국이 계속 수출 우위를 나타내고 있지만 일본은 2022년부터 수출 경쟁력이 약화됐다.

'운송 기기 및 그 부분품'에서는 일본이 수출에 특화돼 강한 경쟁력을 꾸준히 보이고 있고, 한국도 수출 우위를 지속적으로 나타내고 있다. 중국은 2019년까지 수출에 경쟁력이 약했지만, 2020년부터 수출에 우위를 나타내고 있으나 한국, 일본에 비해 경쟁력이 약한 것으로 나타났다. '플라스틱 제품'에서 한국은 지속적으로 비슷한 정도의 수출우위를 보이고 있다. 중국은 꾸준히 수출 경쟁력이 증가했고, 일본도 수출우위를 보이고 있지만 그 경쟁력이 약한 편이다. '정밀, 광학기기 및 그 부분품'에서는 한국은 수출우위를 나타냈지만, 지속적으로 수출 경쟁력이 약화돼 수입에 우위가 있는 것으로 나타났다. 중국은 소폭씩 수출 경쟁력이 상승하고 있지만 역시 수출보다 수입에 우위가 있는 것으로 나타났다. 일본은 꾸준히 수출 우위를 보이지만 경쟁력 감소세로 수출우위가 높지 않은 것으로 나타났다. '석유제품 및 코크스'에서 3국 모두 수출에 경쟁력이 전혀 없는 것으로 나타났다. 특히 중국과 일본은 거의 수입 특화를 보여 수입에 의존하는 것으로 나타났다. '가구'는 한국과 일본이 수출에 경쟁력이 없지만 중국은 꾸준히 수출에 특화된 것으로 나타났다.

이어 세부 산업(품목)에서는 한국·중국·일본의 무역특화지수에 어떤 변화가 있는지 살펴보도록 하겠다. 이를 위해, 2018~2023년 한·중·일이 전 세계를 대상으로 수출한 HScode 6자리 품목 중 누적 수출액이 높은 순대로 5품목을 선별해 무역특화지수를 산출하였다. 그 결과는 다음과 같다.

〈표 3〉 세부 산업별(품목) 한·중·일 대 세계 무역특화지수(TSI) 변화

국가별 누적수출액 순위		세부산업(품목)	2018	2019	2020	2021	2022	2023
한국	1	반도체(메모리)	0.726**	0.561*	0.540*	0.572*	0.492*	0.486*
	2	석유·역청유 및 그 조제품(기타)	0.740**	0.795**	0.747**	0.710**	0.826**	0.786**
	3	반도체(프로세서와 컨트롤러)	0.149*	0.136*	0.116*	0.145*	0.132*	0.059*
	4	승용차(1,500~3,000cc)	0.633*	0.588*	0.526*	0.571*	0.600*	0.668*
	5	컴퓨터, 그 단위 기기·자기식·광학식 판독기의 부분품과 부속품	0.441*	0.304*	0.443*	0.510*	0.346*	0.297*
중국	1	휴대용 자동 자료처리기계(10kg 이하)	0.969**	0.986**	0.996**	0.994**	0.990**	0.965**
	2	셀룰러(cellular) 통신망이나 그 밖의 무선통신망용 전화기	0.996**	0.993**	0.986**	0.983**	–	–
	3	반도체(메모리)	−0.474	−0.287	−0.259	−0.233	−0.180	−0.171
	4	스마트폰	–	–	–	–	0.977**	0.980**
	5	전화기(음성·영상이나 그 밖의 기기)	0.780**	0.759**	0.753**	0.703**	0.683*	0.642*
일본	1	종류가 분류되지 않는 상품, 거래	0.623*	0.627*	0.621*	0.580*	0.582*	0.591*
	2	승용차(1,500~3,000cc)	0.852**	0.869**	0.856**	0.864**	0.839**	0.833**
	3	그 밖의 차량	0.956**	0.925**	0.935**	0.973**	0.991**	0.810**
	4	승용차(3,000cc 초과)	0.823**	0.793**	0.779**	0.779**	0.790**	0.839**
	5	기어박스, 그 부분품(차량용)	0.637*	0.884**	0.890**	0.898**	0.884**	0.875**

* K-stat 수출입 무역통계 자료(2024.05.07. 검색)를 바탕으로 산출

한국은 이 시기, 반도체 산업이 누적수출액에서 1, 3위를 기록하고 있는데 1위는 '메모리 반도체'로 2018년 수출특화를 보였지만 그 경쟁력이 점점 감소세를 보이며 현재는 수출에 우위가 있는 정도로 나타났

다. 반도체 산업의 '프로세서와 컨트롤러'는 수출 우위를 보이기는 하지만 경쟁력이 강하지 않다. '컴퓨터 및 그 부품'도 지속적으로 수출에 우위를 나타내고 있지만 특화 정도는 아니다. '석유·역청유 및 그 조제품'의 산업 중 기타 품목에서 높은 수출경쟁력을 보이고 있고, '1,500～3,000cc 승용차'에서 비교적 높은 수출 우위를 나타내고 있다.

중국은 컴퓨터 산업 중 '10kg 이하의 휴대용 자료처리기계'가 이 시기, 가장 많은 누적 수출액을 기록하고 있는데, 수출에서도 계속 특화를 보이며, 높은 경쟁력을 나타내고 있다. 또한 전화기 산업에서도 수출특화를 보이고 있는데, 특히, '셀룰러 통신망이나 그 밖의 무선통신망용 전화기'와 '스마트폰'에서 높은 경쟁력을 보이고 있다. '스마트폰'은 최근 2년 사이 그 경쟁력이 두각을 나타내고 있는 반면, '음성·영상이나 그 밖의 전화기기'는 2021년까지 수출특화를 보였으나 최근 2년 사이 수출특화에서 수출우위로 경쟁력이 다소 하락했다. 이외에, 한국에서 누적수출액 1위를 차지한 '메모리 반도체'는 중국에서 3위를 차지하고 있는데 수출 경쟁력이 낮은 것으로 나타나고 있다.

일본은 '종류가 분류되지 않는 상품 및 거래'에서 누적수출액이 가장 많은 것으로 나타났는데 수출 경쟁력은 높은 편이지만 수출에 특화는 아닌, 우위 정도로 나타났다. 2위부터 5위까지 자동차 산업으로, 모두 지속적으로 수출에 특화돼, 높은 수출 경쟁력을 나타내고 있다.

이를 통해, 전 세계를 대상으로 한 수출에서 한국은 '석유·역청유 및 그 조제품의 기타' 품목에서 수출특화, '1,500～3,000cc의 승용차'와 '메모리 반도체'에서 수출우위를 나타냄을 확인할 수 있었다. 중국은 '10kg 이하의 휴대용 자료처리기계', '셀룰러 통신망이나 그 밖의 무선통신망용 전화기'와 '스마트폰'에서 수출특화, '음성·영상이나 그 밖의 전화기기'에서 수출 우위를 나타냄을 확인할 수 있었다. 일본은 '자동차 산업(1,500~3,000cc 및 3,000cc 초과 승용차, 기타 차량, 기어박스 및 차량용 부품)'에서 수출특화를 나타냄을 확인할 수 있었다.

이어 한·중·일 간에 경제 안보 시기, 수출에서 서로 어떤 우위가 있는지 무역특화지수를 통해 무역경쟁력을 살펴보도록 하겠다.

2) 한국·중국·일본 내 무역경쟁력

① 한국과 중국

한국과 중국 사이의 무역경쟁력을 분석하기 위해, 한국 대 중국 수출입, 중국 대 한국 수출입 금액을 바탕으로 무역특화지수를 산출했다. 그 결과는 아래와 같다.

〈표 4〉 세부산업별(품목) 한국 대 중국, 중국 대 한국 무역특화지수(TSI) 변화

	누적 수출액 순위	세부산업(품목)	2018	2019	2020	2021	2022
한국 대 중국	1	반도체(메모리)	0.724**	0.551*	0.533*	0.539*	0.445*
	2	반도체(프로세서와 컨트롤러)	0.904**	0.905**	0.884**	0.765**	0.879**
	3	반도체(기타)	0.860**	0.870**	0.853**	0.844**	0.769**
	4	레이저기기, 기타 광학기기 (그 밖의 기기)	0.597*	0.488*	0.627*	0.537*	0.507*
	5	유기화학품(파라-크실렌 (p-xylene))	—	—	—	—	0.992**

	누적 수출액 순위	세부산업(품목)	2018	2019	2020	2021	2022
중국 대 한국	1	반도체(메모리)	-0.724	-0.551	-0.533	-0.539	-0.445
	2	셀룰러(cellular) 통신망이나 그 밖의 무선통신망용 전화기	0.974**	0.939**	0.938**	0.989**	-
	3	휴대용 자동 자료처리 기계 (10kg 이하)	0.992**	0.987**	0.992**	0.995**	0.995**
	4	리튬이온 축전지	0.231*	0.281*	0.390*	0.753**	0.902**
	5	평판디스플레이 모듈, 라디오·텔레비전 송수신기, 레이더·행행용 무선기기, 라디오 방송용 수신기기, 모니터·프로젝터, 텔레비전 수신기기의 부분품	-0.619	-0.195	-0.314	-0.479	-0.585

* Kotra 글로벌 무역현황 데이터, UN Comtrade 데이터베이스 자료(2024.05.08. 검색) 바탕으로 산출

한국은 중국에 반도체 산업에서 수출 경쟁력이 높은 것으로 확인됐다. '메모리 반도체'는 수출특화에서 경쟁력이 감소세를 보이지만 여전히 수출 우위를 점하고 있고, 반도체 산업 중 '프로세서와 컨트롤러', '기타' 품목은 꾸준히 수출에 특화를 보이며 높은 경쟁력을 나타내고 있다. '유기화학품(파라-크실렌)'은 2022년 수출특화를 나타내고 있으며, 광학정밀 산업에서 '레이저기기 및 기타 광학기기(그 밖의 기기)'도 지속적으로 수출에 우위를 점하고 있다.

중국의 한국에 대한 누적 수출 품목 1위는 한국 대 중국의 누적 수출 품목 1위와 동일한 '메모리 반도체'이다. 하지만 중국은 이 품목에서 한국 수출에 경쟁력이 약하며 수입에 우위가 있는 것으로 나타났다. 전기전자 산업 중 '부분품(평판디스플레이 모듈, 라디오·텔레비전 송수신기, 레이더·행행용 무선기기, 라디오 방송용 수신기기, 모니터·프로젝터, 텔

레비전 수신기기의 부분품'에서도 지속적으로 수출에 낮은 경쟁력을 나타내고 있지만, '셀룰러 통신망이나 그 밖의 무선통신망용 전화기', '휴대용 자동 자료처리기계(10kg 이하)', '리튬이온 축전지' 수출에서는 높은 경쟁력을 나타내고 있다. 특히, 2차전지 중 하나인 '리튬이온 축전지'는 수출 우위에서 2021년 수출특화로 전환됐다.

② 한국과 일본

한국과 일본 사이의 무역경쟁력을 분석하기 위해, 한국 대 일본 수출입, 일본 대 한국 수출입 금액을 바탕으로 무역특화지수를 산출했다. 그 결과는 아래와 같다.

〈표 5〉 세부산업별(품목) 한국 대 일본, 일본 대 한국 무역특화지수(TSI) 변화

	누적 수출액 순위	세부산업(품목)	2018	2019	2020	2021	2022
한국 대 일본	1	석유·역청유 및 그 조제품 (경질유와 조제품)	0.729**	0.694*	0.674*	0.574*	0.500*
	2	석유·역청유 및 그 조제품 (기타)	−	0.112*	−	0.342*	0.192*
	3	은(가공하지 않은 것)	1.000**	−	1.000**	1.000**	−
	4	반도체(기타)	−0.254	−0.970	−0.976	−0.424	−0.413
	5	반도체(메모리)	0.824**	0.886**	0.925**	0.915**	0.898**
일본 대 한국	1	반도체 디바이스나 전자집적회로 제조용 기계와 기기	0.957**	0.873**	0.941**	0.949**	0.944**
	2	반도체(프로세서와 컨트롤러)	−0.181	0.773**	0.814**	0.756**	0.831**
	3	철(iron)의 웨이스트(waste)·스크랩(scrap)(기타)	0.996**	0.999**	0.996**	0.997**	0.876**
	4	감광성 반도체 디바이스	0.482*	0.540*	0.757**	−0.970	−
	5	전자공업에 사용하기 위하여 도프(doped) 처리된 화학원소 및 화합물	0.787**	0.772**	0.753**	0.731**	0.998**

* Kotra 글로벌무역현황 데이터, UN Comtrade 데이터베이스 자료(2024.05.08. 검색)를 바탕으로 산출

한국은 일본에 '메모리 반도체', '가공하지 않은 은'에서 수출특화를 나타내며, '석유·역청유 및 그 조제품'에서 수출 우위를 나타내는 것을 확인할 수 있었다. 이중 누적수출액 1위를 차지하고 있는 '석유·역청유 및 그 조제품 중 경질유와 조제품'은 2018년 수출에 특화를 나타냈지만 점차 경쟁력이 감소하여 2019년부터 수출에 우위를 나타내고 있다. '반도체 산업 중 기타' 품목은 약한 수출경쟁력을 나타내는데 특히, 2019년과 2020년은 수입 특화를 보이는 등, 수출경쟁력이 약한 것으로 나타났다.

일본은 한국에 반도체 산업에서 계속 높은 수출 경쟁력을 나타내고 있다. 특히, '반도체 제조용 기계'에서 수출 경쟁력이 매우 강한 것으로 나타나며, '프로세서와 컨트롤러'도 2018년 수출에 경쟁력이 없었지만 2019년 이후 수출특화를 보이고 있다. 하지만 '감광성 반도체 디바이스'는 수출에 강한 경쟁력을 보이다가 2021년 이후에는 경쟁력이 하락했다. 철강 산업의 경우, '철의 기타 웨이스트·스크랩' 품목은 꾸준히 수출특화를 나타내고 있으며, 기타 화학 산업에서 '전자공업에 사용하기 위하여 도프 처리된 화학원소 및 화합물'도 수출특화를 지속적으로 나타내고 있다.

③ 중국과 일본

중국과 일본 사이의 무역경쟁력을 분석하기 위해, 중국 대 일본 수출입, 일본 대 중국 수출입 금액을 바탕으로 무역특화지수를 산출했다. 그 결과는 아래와 같다.

〈표 6〉 세부산업별(품목) 중국 대 일본, 일본 대 중국 무역특화지수(TSI) 변화

	누적 수출액 순위	세부산업(품목)	2018	2019	2020	2021	2022
중국 대 일본	1	셀룰러(cellular) 통신망이나 그 밖의 무선통신망용 전화기	0.999**	0.999**	0.999**	0.999**	–
	2	휴대용 자동 자료처리기계 (10kg 이하)	0.994**	0.995**	0.996**	0.995**	0.996**
	3	전화기(음성·영상이나 그 밖의 기기)	0.904**	0.941**	0.955**	0.964**	0.954**
	4	스마트폰	–	–	–	–	0.999**
	5	컴퓨터 처리장치(시스템 형태로 안 된 것)	0.982**	0.984**	0.978**	0.975**	0.981**
일본 대 중국	1	반도체(프로세서와 컨트롤러)	0.739**	0.686*	0.706**	0.754**	0.697*
	2	반도체(기타)	0.773**	0.920**	0.901**	0.831**	0.765**
	3	승용차(1,500~3,000cc)	0.991**	0.993**	0.996**	0.993**	0.988**
	4	반도체디바이스나 전자집적회로 제조용 기계와 기기	0.995**	0.997**	0.990**	0.998**	0.998**
	5	화장품(기타)	0.970**	0.974**	0.984**	0.989**	0.981**

* Kotra 글로벌무역현황데이터, UN Comtrade 데이터베이스 자료(2024.05.07. 검색)를 바탕으로 산출

중국의 일본에 대한 누적수출액이 높은 수출항목인 '셀룰러 통신망이나 그 밖의 무선통신망용 전화기', '휴대용 자동 자료처리기계(10kg 이하)', '전화기(음성·영상이나 그 밖의 기기)', '스마트폰', '컴퓨터 처리장치(시스템 형태로 안 된 것)'에서 모두 수출특화를 나타내고 있다.

일본 역시 '기타 반도체', '승용차(1,500~3,000cc)', '반도체 제조용 기계와 기기', '기타 화장품'에서 모두 꾸준히 수출특화를 보이며, '반도체(프로세서와 컨트롤러)'에서도 수출특화와 수출우위를 번갈아 나타내고 있다.

④ 소결

이상에서 한국 - 중국, 한국 - 일본, 중국 - 일본의 누적수출액 상위 1~5위 세부산업(품목)의 무역특화지수를 통해 각각의 두 나라 사이 비교우위를 살펴보며 수출 경쟁력을 확인했다.

한국의 중국과 일본에 대한 누적수출액 상위 품목 중 중첩되는 품목은 '메모리 반도체'와 '기타 반도체'인데, '메모리 반도체'에서 수출에 높은 경쟁력을 나타내는 것을 확인했다. '기타 반도체'는 중국으로의 수출에서 특화를 보이지만, 일본에 대해서는 수입에 우위가 있는 것으로 나타났다. 이밖에 중국에 대해서는 '반도체(프로세서와 컨트롤러)', '유기화학품(파라-크실렌)'에, 일본에 대해서는 '가공하지 않은 은'에 수출특화를 나타내는 것을 확인했다.

중국의 한국과 일본에 대한 누적수출액 상위 품목 중 중첩되는 품목은 '셀룰러 통신망이나 그 밖의 무선통신망용 전화기', '휴대용 자동 자료처리기계(10kg 이하)'인데, 두 나라에서 모두 수출특화를 나타내며 높은 수출 경쟁력을 보이는 것을 확인했다. 이밖에 한국에 대해서는 '리튬이온 축전지'에, 일본에 대해서는 '전화기(음성·영상이나 그 밖의 기기)', '스마트폰', '컴퓨터 처리장치(시스템 형태로 안 된 것)'에 수출특화가 있는 것을 확인했다.

일본의 한국과 중국에 대한 누적수출액 상위 품목 중 중첩되는 품목은 '반도체(프로세서와 컨트롤러)', '반도체 디바이스나 전자집적회로 제조용 기계와 기기'인데, '반도체(프로세서와 컨트롤러)'는 두 나라에서 모두 꾸준히 높은 수출 경쟁력을 나타내고 있다. 한국에 대해서는 '철의 웨이스트·스크랩(기타)', '전자공업에 사용하기 위하여 도프 처리된 화학원소 및 화합물'에, 중국에 대해서는 '반도체(기타)', '승용차(1,500~3,000cc)', '화장품(기타)'에 수출특화를 나타내는 것을 확인했다.

3.3. 한국·중국·일본 기술경쟁력 비교

상술한 바와 같이, 경제 안보 시기, 첨단기술은 각 나라의 안보에 매우 중요한 자산으로서 이에 대한 분석이 필요하다. 한국·중국·일본의 첨단산업 분야 기술경쟁력을 비교하기 위해, 우선 3국의 각 중점과학기술 분야에서 최고기술보유국 대비 기술수준 및 기술격차 현황을 살펴본 뒤, 이어서 3국의 전 세계에 대한 첨단산업 분야 수출 경쟁력을 분석해 보도록 하겠다.

〈표 7〉 한·중·일 최고기술보유국 대비 기술수준 및 기술격차

국가	중점과학기술명										
	우주·항공·해양		기계·제조		소재·나노 (nano)		생명·보건 의료		에너지·자원		ICT·SW	
	2018	2020	2018	2020	2018	2020	2018	2020	2018	2020	2018	2020
한국	65.1% (8.4년)	68.4% (8.6년)	78% (3.4년)	80.7% (2.8년)	78.3% (3년)	80.8% (2.5년)	75.2% (3.5년)	77.9% (3.1년)	76.8% (4년)	80.2% (3.7년)	80.2% (2.1년)	83% (1.9년)
중국	80.6% (5.3년)	81.6% (5.1년)	73.7% (4.2년)	77.6% (3.1년)	76.2% (3.7년)	79.9% (3.2년)	73.2% (3.7년)	78% (3년)	76.8% (3.9년)	81.6% (3.5년)	82% (1.9년)	85.7% (1.6년)
일본	83.1% (4.1년)	83.5% (3.9년)	90.8% (1.2년)	90.3% (1.4년)	98% (0.4년)	97.6% (0.6년)	83.8% (2.2년)	81.6% (2.4년)	90.6% (1.8년)	91% (1.9년)	84.9% (1.5년)	84.3% (1.6년)

* NTIS(한국과학기술정보연구원) 과학기술통계 데이터[44] (2024.05.07. 검색)
* 최고기술보유국 대비 기술수준(%), 최고기술보유국 대비 기술격차(년)

---

44 한국과학기술정보연구원에서 과학기술정보통신부·한국과학기술기획평가원, 기술수준평가보고서를 바탕으로 한국과학기술정보연구원 홈페이지 과학기술통계에 정리·등

〈표 7〉은 한·중·일 최고기술보유국 대비 기술수준 및 기술격차를 정리한 표이다. 본고에서는 한국과학기술정보연구원에서 제시하고 있는 분야별 중점과학기술에 대한 지표에서 '건설·교통', '재난안전', '농림수산·식품' 등을 제외한, '우주·항공·해양', '기계·제조', '소재·나노', '생명·보건의료', '에너지·자원', 'ICT·SW' 기술 분야가 첨단산업에 관련이 있다고 판단되어 이 6분야의 기술수준 및 기술격차를 정리해 보았다.

〈표 7〉과 같이, 한·중·일의 기술수준 및 최고기술보유국 대비 기술격차를 확인한 결과, '생명·보건의료'와 'ICT·SW' 기술 분야는 세 나라가 비슷한 수준인 것을 알 수 있었고, '우주·항공·해양' 기술은 한국이 두 나라와 비교해 열위를 보이며, '기계·제조 기술', '소재·나노', '에너지·자원' 기술 분야는 일본이 두 나라 대해 우위를 가지고 있는 것을 확인했다.

이어서 한·중·일의 세계시장에서 첨단산업 분야의 무역특화지수를 통해 수출 경쟁력을 산출한 결과 〈표 8〉과 같은 결과를 확인할 수 있었다.

록한 데이터(최근 등록일 2021.07.29.). 2018년도 이후 기술수준평가는 이전 기술수준평가(2012~2016)와 평가대상기술, 대분류 및 평가방법이 변경되어 단순비교 불가함을 함께 게시함.

〈표 8〉 한·중·일 대 세계 첨단산업 무역특화지수(TSI) 변화

국가	하이테크 세부산업	2018	2019	2020	2021
한국	의약품산업	0.679*	-0.292	-0.072	-
	컴퓨터/전자/광학산업	0.339*	0.237*	-0.721	-
	하이테크산업	0.304*	-0.738	0.211*	-
	항공우주산업	0.723**	-0.262	-0.137	-
중국	의약품산업	-0.251	-0.340	-0.246	0.053*
	컴퓨터/전자/광학산업	0.121*	0.130*	0.114*	0.854**
	하이테크산업	0.085*	0.094*	0.091*	0.850**
	항공우주산업	-0.649	-0.569	0.514*	-0.559
일본	의약품산업	-0.643	-0.619	-0.581	-0.663
	컴퓨터/전자/광학산업	-0.044	-0.070	-0.066	0.799**
	하이테크산업	0.766**	-0.161	-0.148	-0.165
	항공우주산업	0.965**	-0.275	-0.204	-0.424

* NTIS(한국과학기술정보연구원) 과학기술통계 데이터[45] (2024.05.07. 검색)를 바탕으로 산출

'의약품산업'에서 한국은 2018년 수출 우위를 보였으나 2019년 이후 수출에 약화된 모습이 나타난 반면, 중국은 2020년까지 약한 수출 경쟁력을 보이다가 2021년 수출에 우위를 보였다. 일본은 지속해서 수출보다 수입에 우위가 있는 것으로 나타났다. '컴퓨터/전자/광학산업'에서는 한국은 2020년부터 수출 우위에서 수입에 특화된 모습을 나타내고 있고, 중국은 수출 우위를 보이다가 2021년에는 수출에 특화된 모습을 나타내고 있으며, 일본도 수입에 우위를 보이다가 2021년에 수출

---

[45] 한국과학기술정보연구원에서 OECD, Main Science and Technology Indicators의 자료를 바탕으로 한국과학기술정보연구원 홈페이지 과학기술 통계에 정리·등록한 데이터(최근 등록일 2023.10.12.). 2021년 한국의 자료는 미등록됨.

에 특화된 것으로 나타났다. '하이테크산업'에서는 한국은 수출 경쟁력이 높은 편은 아니지만, 수출에 우위를 보이며, 중국도 수출우위를 나타내다가 2021년에 수출특화로 경쟁력이 높아졌다. 일본은 2018년, 두 나라에 비교해 높은 수출 경쟁력을 보이다가 2019년부터 경쟁력이 약해진 것으로 나타났다. '항공우주산업'에서는 2018년, 한국과 일본은 수출에 특화됐지만 2019년부터 그 경쟁력이 약화된 것으로 나타났고, 중국은 2018년부터 지속해서 낮은 수출경쟁력을 보이며 수출보다 수입에 우위가 있는 것으로 나타났다.

Ⅳ. 동양평화론을 통한 동북아(한·중·일) 경제협력 방안 제언

동북아시아 한국·중국·일본 세 나라는 지정학적으로 가까움으로 인해, 오랜 교류 및 관계의 역사를 이어오고 있다. 그 역사 속에서 일본 침략의 야욕으로 인해, 한국과 중국이 고통받은 시기도 있었다. 안중근 의사는 ≪동양평화론≫의 전감에 "슬프다. 그러므로 자연의 형세를 돌아보지 않고 같은 인종 이웃 나라를 해치는 자는 마침내 독부(獨夫)의 판단을 면하지 못할 것이다."[46]라고 하는 등, 「청취서」에서도 동양평화를 어지럽힌 것은 일본과 이토 히로부미의 잘못된 정책 때문이라고 하였다. 그러면서도 한국·중국·일본은 세계에서 형제의 나라와 같으니 서로 남보다 친하게 지내야 한다고 하였다.[47] 이를 실현하기 위

---

46 윤병석(2011), ≪한국독립운동사 자료총서 제28집 안중근 문집≫, 독립기념관 한국독립운동사연구소, p.572

해, 한국·중국·일본이 협력하여 초국가적 통합, 즉, 3국의 정치 및 경제공동체 건설의 방안을 제안했다. 더 나아가 이것으로 동양의 평화를 이루고 3국이 공영을 이룰 수 있음을 제시했다.

주지하듯이, 경제안보를 중요하게 여기고 있는 현재, 전 세계에서는 세계화에 역행하며, 첨단기술, 공급망, 자원 등에서 자국 우선주의로 나아가며 패권 경쟁의 시대로 나가고 있고, 이는 안중근 의사가 동양평화론을 주장한 시대적 상황과 유사한 것으로 보인다. 이러한 현 시기, 동북아 한·중·일 3국이 평화를 유지하며 공동으로 번영할 수 있는 길을 안중근 의사의 동양평화론에서 찾아볼 수 있을 것이다. 이에, 본고에서는 안중근 의사의 동양평화론 사상을 통해, 3장에서 경제안보 관점에서 분석한 내용을 바탕으로 경제협력 방안을 제안하고자 한다.

첫째, 안중근 의사가 한국·중국·일본의 협력을 통한 공동체 건설을 제안한 것과 같이, 본고에서도 미래지향적이면서 장기적으로 유지할 수 있는 동북아 경제공동체 형성을 지향해야 한다고 판단한다.

안중근 의사는 「청취서」에서 재정(財政)을 사람의 건강에 비유하며, 재정을 길러 나라를 건강하게 하는 일이 급선무라며, 그 중요성에 대해 언급했다. 재정이란 국가 또는 지방자치 단체가 필요한 재력을 취득하고 관리하는 경제적인 활동을 말하는데, 이를 한·중·일의 경제공농제에 적용할 수 있을 것이다. 이를 위해서 예나 지금이나 한·중·일 상호 신뢰 회복이 중요하다. "그러나 오늘에 있어서 형제간의 사이가

---

47 위의 책, p.555 – 556, 558

나쁠 뿐이며 서로 돕는 모습보다는 불화만을 세계에 알리고 있는 형편이다."⁴⁸라고 안중근 의사가 언급한 바와 같이('형제간'은 한·중·일을 의미함), 이는 현재의 3국의 모습과 유사하다. 어떻게 하면 3국의 신뢰를 회복할 수 있을까? 안중근 의사는 이에 대해 "세 나라에서 대표를 파견해 평화회의를 조직한 뒤 이를 공표하는 것이다. 이것은 일본이 야심이 없다는 것을 보이는 일이다. 뤼순은 일단 청국에 돌려주고 그것을 평화의 근거지로 삼는 것이 가장 현명한 방법이라고 생각한다."⁴⁹라고 하였다. 즉, 3국은 패권의 야욕이 없음을 밝히고 정치적·역사적 감정에서 벗어나 서로 간 신뢰 및 관계 회복의 길로 나아가야 함을 밝혔다.

안중근 의사는 3국의 신뢰·신용의 방안으로 "은행을 설립하고 각국이 공용하는 화폐를 발행하면 신용이 생기므로 금융은 자연히 원만해질 것이다."⁵⁰라고 하였다.

따라서, 3국의 신뢰·신용을 회복하며 공동의 번영으로 나아갈 수 있는 경제공동체 형성의 방안으로 한·중·일 FTA 체결을 제안한다. 기존의 적지 않은 연구에서도 한·중·일 FTA 체결에 대해 그 필요성을 제기했다. 또한, 전술한 바와 같이 3국의 역내 교역량은 세계 시장에서 비교적 높은 비중을 차지하고 있는데도 불구하고, 공식 협상만 수차례 개최될 뿐, 아직도 한·중·일 FTA 체결이 이뤄지지 않았다. 앞으로 한·중·일 3국의 FTA 체결을 추진하고, 안정적이면서 큰 규모의 시장을 형성하여 3국의 신뢰 회복 및 관계가 개선된다면, 안중근 의사가 "이렇게

---

48 위의 책, p.558
49 위의 책, p.558
50 위의 책, p.558

함으로써 인도, 태국, 베트남 등 아시아 각국이 스스로 이 회의에 가맹하게 되어…"[51]라고 언급한 바와 같이, 3국 외의 주변 나라들과도 함께 경제공동체 관계로 '3국(한국·중국·일본)+X국(國)'의 형태와 같이 확장될 수 있을 것이다.

둘째, 한·중·일 3국이 대등한 관계·위치에서 경쟁 및 분업의 방향으로 협력해야 할 것이다.

안중근 의사는 "종래 외국에서 써 오던 수법을 흉내 내고 있는 것으로 약한 나라를 병탄하는 수법이다. 이런 생각으로는 패권을 잡지 못한다. 아직 다른 강한 나라가 하지 않은 것을 해야만 한다."[52]라고 하였다. 수평적이지 않은 수직적 경쟁 및 분업이 지속된다면 그 협력 관계가 장기적으로 유지되지 못할 가능성이 크다. 경제 안보 시기에서는 첨단기술, 지정학적 위치 및 공급망, 자원 등에서 상대적 우위를 점하는 것이 중요하다. 다른 나라와 상호 우위-열위를 보완 차원에서 협력할 수 있는데, 어떤 우위도 없다면 다른 나라와 협력하기 어렵기 때문이다. 따라서 자신의 우위·경쟁력을 갖춘 대등한 관계에서 상호 협력을 통해 경제적 이익을 얻을 수 있고 공영으로 나아갈 수 있을 것이다. 3장에서 분석한 한·중·일의 무역경쟁력, 기술경쟁력을 통해, 3국의 우위와 열위를 확인하며, 경제협력 방안을 제안해 보고자 한다.

〈그림 2〉, 〈그림 3〉은 3장에서 분석한 연도별(2018~2023년) 무역특화지수를 누적으로 산출해 방사형으로 나타낸 것으로, 이 시기, 산업별 세계 시장에서 한국은 '운송 기기 및 그 부분품', '플라스틱 제품'에,

---

51 위의 책, p.559
52 위의 책, p.557

중국은 '가구', '원자로·보일러·기계류 및 그 부분품'에, 일본은 '운송기기 및 그 부분품', '원자로·보일러·기계류 및 그 부분품'에 수출특화 및 수출 우위가 있고, 세부 산업별(품목) 세계 시장에서 한국은 '승용차(1,500~3,000cc)', '석유·역청유 및 그 조제품(기타)', '반도체(메모리)'에, 중국은 '휴대용 자동 자료처리기계(10kg 이하)', '셀룰러 통신망이나 그 밖의 무선통신망용 전화기', '스마트폰'에, 일본은 '그 밖의 차량', '승용차(1,500~3,000cc)', '기어박스, 그 부분품(차량용)'에 수출특화 및 수출 우위가 있는 것으로 나타난다.

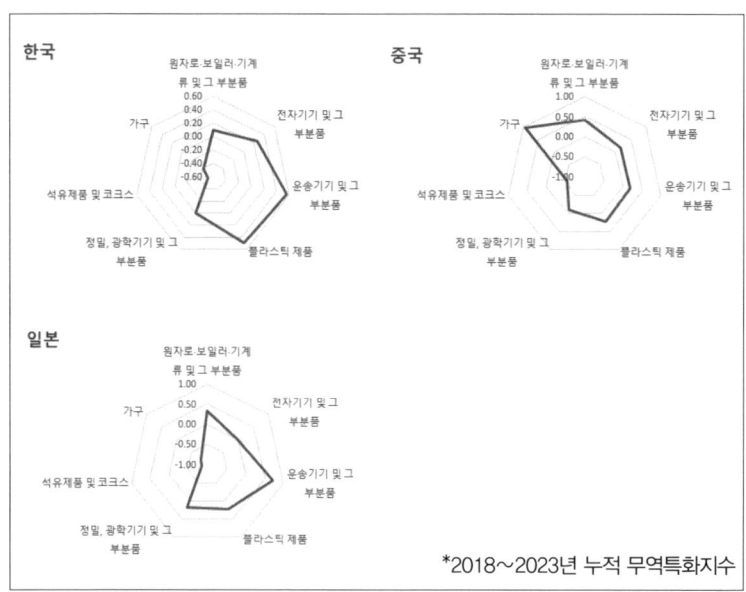

〈그림 2_ 산업별 한·중·일의 대 세계 무역경쟁력〉

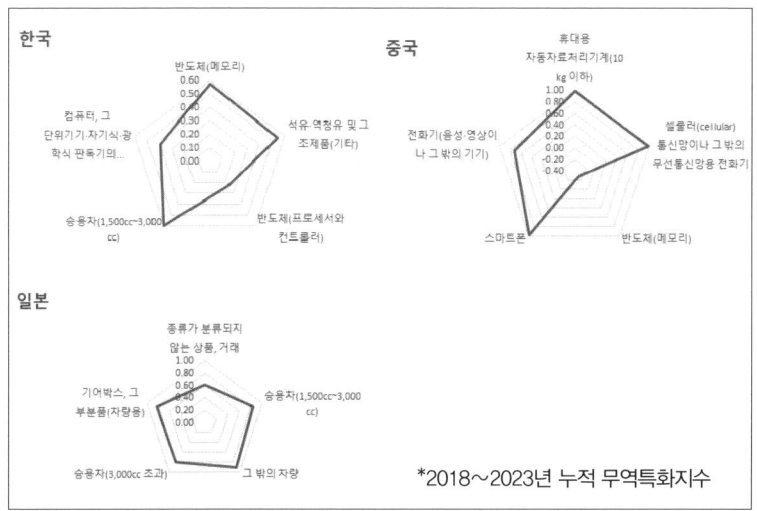

〈그림 3_ 세부 산업별(품목) 한·중·일의 대 세계 무역경쟁력〉

〈표 9〉는 3장에서 분석한 연도별(2018~2022년) 무역특화지수를 누적으로 산출해 그 지수가 0.7 이상 1.0 이하면 수출특화, 0.0 이상 0.7 미만이면 수출 우위, 0.0 미만이면 수출 열위로 분류한 것이다.

〈표 9〉 한·중·일 3국 간 무역경쟁력

	수출특화			수출 우위			수출 열위		
	대 한국	대 중국	대 일본	대 한국	대 중국	대 일본	대 한국	대 중국	대 일본
한국	–	반도체 (프로세서와 컨트롤러) 반도체 (기타) 유기화학품 (파라-크실렌)	은 (가공하지 않은 것) 반도체 (메모리)	–	반도체 (메모리) 레이저기기, 기타 광학기기 (그 밖의 기기)	석유.역청유 및 그 제품 (경질유와 조제품) 석유·역청유 및 그 조제품 (기타)	–		반도체 (기타)

	수출특화			수출 우위			수출 열위		
	대 한국	대 중국	대 일본	대 한국	대 중국	대 일본	대 한국	대 중국	대 일본
중국	셀룰러통신망이나 그 밖의 무선통신망용 전화기	-	셀룰러통신망이나 그 밖의 무선통신망용 전화기	리튬이온 축전지	-	반도체 (메모리) 평판디스플레이 모듈, 라디오·텔레비전 송수신기, 레이더·행행용 무선기기, 라디오 방송용 수신기기, 모니터·프로젝터, 텔레비전 수신기기의 부분품	-	
	휴대용 자동자료처리기계 (10kg 이하)		휴대용 자동자료 처리기계 (10kg 이하)						
			전화기(음성·영상이나 그 밖의 기기)						
			스마트폰						
			컴퓨터 처리장치(시스템 형태로 안 된 것)						
일본	반도체 디바이스나 전자집적회로 제조용 기계와 기기	승용차 (1,500~3,000cc)	-	반도체 (프로세서와 컨트롤러)	-	감광성 반도체 디바이스	-		
	철 웨이스트. 스크랩 (기타)	반도체 (기타)							
	전자공업에 사용하기 위하여 도프 처리된 화학원소 및 화합물	화장품 (기타)							

한국은 중국에 대해 반도체 산업에 우위를 가지고 있고 중국은 한국에 대해 '메모리 반도체'에서 열위를 가지고 있으므로 이 산업에 발전

을 지속하면서 우위를 통한 전략을 계속 시도할 수 있을 것이다. '유기화학품(파라-크실렌)과 레이저기기', '기타 광학기기(그 밖의 기기)'에서도 동일한 전략이 가능할 것이다. 또한, 세계 시장에서 '승용차(1,500~3,000cc)' 품목에 수출경쟁력이 있으므로 그 경쟁력을 바탕으로 중국 시장에서의 확장을 위한 전략을 지속적으로 고려해 볼 수 있을 것이다. 일본에 대해서는 '메모리 반도체'와 석유·역청유 및 그 조제품(기타)에 수출특화 및 우위가 있는 것으로 나타나는데 이는 한국이 세계 시장에서 이 품목들에 대해 경쟁력을 갖고 있는 것과 같다. 또한, '은(가공하지 않은 것)', '석유·역청유 및 그 조제품(경질유와 조제품)'에도 수출특화 및 우위가 있어 우위를 지속적으로 점할 수 있는 전략을 시도할 수 있을 것이다. 대 세계에서 수출경쟁력이 높은 '승용차(1,500~3,000cc)' 품목은 일본도 세계 시장에서 높은 경쟁력을 갖추고 있기 때문에 상호 수출에 우위를 차지하는 것은 어려워 보인다.

중국은 한국과 일본에 대해 공통적으로 '셀룰러 통신망이나 그 밖의 무선통신망용 전화기', '휴대용 자동 자료처리기계(10kg 이하)'에서 수출특화를 보이며, 일본에 대해서 '전화기(음성·영상이나 그 밖의 기기)', '스마트폰', '컴퓨터 처리장치(시스템 형태로 안 된 것)'에서도 수출특화를 보이는데 이는 세계시장에서 중국이 높은 수출경쟁력을 보이는 품목들과 겹친다. 또한, 한국에 대해서 '리튬이온 축전지' 수출 우위를 보이므로, 지속적 우위를 점하기 위한 전략의 시도 및 기술의 발전이 필요할 것이다.

일본은 세계 시장에서 차량 관련 분야에 높은 경쟁력을 보이는데, 이는 중국에 대한 수출에서 '승용차(1,500~3,000cc)'에 수출특화를 나타내는 것으로 나타나고 있다. 또한, 한국과 중국에 대해 공통적으로 반도체 산업('반도체 디바이스나 전자집적회로 제조용 기계와 기기', '프로세서와 컨트롤러')에서 수출특화 및 우위를 점하고 있는데 '감광성 반도체 디바이스' 품목에서는 한국에 열위를 보인다. 이밖에 한국은 '철 웨이스트·스크랩(기타)', '전자공업에 사용하기 위하여 도프 처리된 화학원소 및 화합물' 품목에서, 중국에 대해서는 '화장품(기타)'에서도 수출특화를 보인다. 한국과 중국 시장에서 지속적 우위를 점하기 위한 전략의 시도 및 기술 발전이 필요할 것이다.

셋째, 한·중·일 3국의 중점과학기술 분야 공동 연구개발 등 첨단산업에서 협력을 지향해야 할 필요성이 있다.

3장에서 한·중·일의 기술 수준 및 최고 기술보유국 대비 기술격차를 분석한 바와 같이, 세 나라의 기술 수준은 비슷한데, 일본이 하이테크산업에서 한국, 중국과 비교해 약간의 우위를 갖고 있다. 이는 아래 〈그림 4〉에서와 같이, 첨단산업 무역경쟁력에서도 비슷하게 나타난다. 따라서 비슷한 수준의 세 나라의 중점과학기술 수준에 따라, 첨단산업에서도 그 집중 분야의 중복으로 경쟁이 심하고 상호 분명한 우열을 가리기 쉽지 않다. 그러므로, 3국이 국가를 초월해 중점과학기술 및 첨단 산업에서 공동 연구개발을 통한 협력이 이뤄진다면, 더 큰 기술적 성과를 이룰 수 있을 것으로 판단된다.

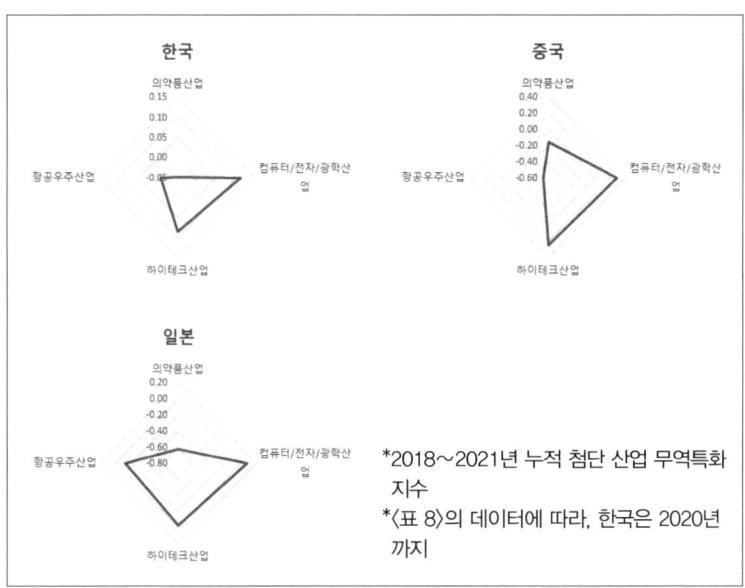

〈그림 4_ 한·중·일 대 세계 첨단산업 무역경쟁력〉

V. 결론

경제 안보가 대두된 현재, 세계 주요국은 자국 우선주의와 국가 경쟁의 격화, 대외의존도 감소의 추세로 나아가고 있다. 이러한 시기에 안중근 의사의 동양평화 사상에 기초하여, 동북아 한·중·일이 평화적으로 공동의 번영으로 나아갈 수 있는 길에 대해 고찰해 보았다.

한·중·일은 지리적으로 근접하며, 상호 가장 큰 경제적 이해관계를 갖고 있고, 3국의 경제 규모 및 역내 경제교역량은 세계적으로 그 비중도 주목할 만하다. 하지만, 현재 경제 안보에 대한 많은 연구가 이뤄지고 있지만 대부분 각 나라의 입장에서 대응 전략에 대한 연구가 많이 이뤄지는 반면, 경제협력에 대한 연구로까지 확장된 연구는 많지 않다. 안중근 의사의 동양평화론 관련한 연구에서도 동양평화론과 다른 이론의 비교연구는 많지만, 경제공동체 형성 방안까지 확장된 연구도 적은 편이다. 이런 상황에서 경제안보 관점에서 경제공동체 이론과 안중근 의사의 동양평화론을 접목해, 동북아 3국(한국·중국·일본)의 경제협력 방안을 모색하기 위해 '무역특화지수(TSI)'를 활용해, 무역경쟁력과 기술무역경쟁력 분석, 첨단 산업 기술수준을 분석했다는 점에서 그 시도가 유의미했다고 할 수 있겠다.

하지만 안중근 의사 생전에 언급한 한국은 남과 북이 갈라지기 전의 한국으로 본고에서는 동양평화론을 바탕으로 동북아 경제협력 방안에 대한 논의를 전개할 때, 북한을 논하지 못함에 한계가 있었다고 할 수 있다. 또한, 경제협력 방안에 대한 분석에 있어서 무역에 대한 분석은 실시했으나, 외국인직접투자(Foreign Direct Investment; FDI), 내수시장, 관세율 등의 분석까지 하지 못함에 아쉬움을 남기며, 차후 연구에서 보완할 수 있기를 기대한다.

앞으로 동북아 3국이 안중근 의사의 동양평화 정신을 따라, 평화와 공존, 공영을 위해 긴밀한 경제협력을 하며, 함께 성장하고 발전해 나가기를 기대한다.

제6장
안중근 정신으로 동북아 '안전공동체' 구축[53]

안중근 의사는 대한민국의 국민 영웅이자 동아시아 국가들로부터도 존경을 받고 있다. 그의 의거는 한국, 중국, 심지어 동아시아 지역에 풍부한 정치적, 사상적 유산을 남겼다. 안중근 의사가 주창한 '동양평화'는 동아시아 천년 문명의 전통과 일치하며, 동아시아 현대사의 자연스러운 체현이다. 또한 근대 서양의 식민주의와 권력정치의 영향 하에 동북아 지역의 한·중·일 간 변증법적 안보 관계를 드러내며, 현재와 미래 동북아의 합리적 안보 질서 구축의 논리를 예시한다.

동북아 국가들은 '안중근 정신'을 견지하고 현재의 동북아 안보 관계를 왜곡되고 불합리하지 않게 변화시키며, 동북아 '안전공동체'의 길을 모색해야 한다.

---

[53] 수하오(苏浩) 중국외교학원 전략과 평화연구센터장, 이 글은 저자가 2023년 11월, 서울에서 안중근의사찾기 한·중민간상설위원회 세미나에서 발표한 원고를 확대 보완한 것이다.

Ⅰ. 안중근 의거의 사상적 유래와 행동적 논리

　동아시아, 특히 동북아 소지역은 고대부터 총체적인 문화권이며, 여러 민족 집단이 길고 깊은 내재적 문화 연관성을 갖고 있다. 인종의 관점에서 볼 때, 중국과 한국에는 '기자입조(箕子入朝, 기자가 한반도에 들어와서 조선을 건국한다)' 이야기가 있고, 중국과 일본에는 '서복동도(徐福东渡, 진시황 때 서복이라는 사람을 동쪽으로 보낸다는 이야기)' 전설이 있으며, 한·중의 공통된 문화는 말할 것도 없다. 고대의 한나라와 당나라 이래 중국과 일본의 문화적 연결이 현대까지 이어졌다. 그중에서도 한반도는 동아시아 대륙과 연결되어 있기 때문에 문화를 공유하고 제도가 연결되며 동고동락하고 있다.

　한반도, 중국 대륙과 일본은 바다를 사이에 둔 이웃 나라이며 안보상 대립과 항쟁의 역사를 갖고 있다. 이에 협력해서 도요토미 히데요시(豐臣秀吉)의 침범을 물리치는 사건과 왜구의 침입을 물리친 내부 전쟁 사건이 발생했다. 이는 또한 한·중·일은 동북아 지역에서 상호작용하는 전체임을 보여주었다. 이러한 지리적 문명의 일체성은 동북아 삼국의 잠재적인 지역적 통합의 '의리'의 토대를 마련했고 근대 이래 산국 지식인과 정치인이 동북아 협력과 겸용을 추구할 수 있는 문명적 기반을 제공했다. 이는 또한 안중근 의사가 추구한 '동양평화'의 사상적 유래이자 이토 히로부미를 주살한 '의거'의 논리이기도 하다.

　세계가 근대사로 접어들자, 서양 식민주의자들은 '약육강식'의 권력 행위와 강한 나라는 패권을 추구해야 한다는 제국주의 논리를 견지하고 동북아에 위치한 한국, 중국, 일본에 대한 침략을 잇달아 벌렸다.

중국은 첫 번째 침략 대상이 되어 외세의 공격과 탄압, 점령, 침략을 겪었다. 일본은 서양 강국의 그늘 아래 '탈아입유(아시아를 떠나 유럽으로)' 개혁을 채택하고 중국과 서양 국가가 전쟁하는 사이에 부상했다. 서양의 묵인을 틈타 '폐번치현(廢藩置縣)'을 세워 류큐를 합병했고, 청일전쟁에서 청나라를 무너뜨렸고, 영국과 동맹을 맺어 제정 러시아를 이겼다. 백인이 지배한 세계에서 일본은 서양 강대국 권력정치의 행동논리를 따르고, 동아시아가 약자로 되는 상황을 이용하여 부흥을 이루었다. 따라서 한국은 일본이 서양 강대국 권력정치를 이용한 식민대상이 되었다. 서양 "산업문명"이 세계를 지배하는 배경에서 동아시아의 천년 문명이 왜곡되고, 찢기고, 와해되었다.

19세기 중후반, 산업력과 열병기를 앞세운 서양 식민 확장으로 인한 '천년 만에 대변화'에 직면하여 중국 사상가 위원(魏源)은 '사이장기이제이(師夷長技以制夷, 오랑캐의 장기를 배워서 오랑캐를 이기는 것)' 전략을 제시했다. 이와 동시에 리훙장(李鴻章)은, 진보적 관료들을 대표하여 개혁적인 '양무운동(洋务运动)'을 전개했고, 장쯔동(张之洞)은 '중학위체, 서학위용(중국의 학문을 바탕으로 서양의 학문을 활용하자)'이라는 학술적 주장을 제시했다. 일본 '유신삼걸' 중 한 명인 오쿠보 도시미치(大久保利通)는 1874년 중국에 와서 리훙장과 '톈진 조약'을 협상 시, '일본, 청국, 조선 등 동양국가의 단결'을 목표로 국가외국어학교를 설립하자고 조언했다. 동시에 '진아회(振业会)'를 설립하여 아시아 주의 사상을 낳게 되었다. 정치가 고노에 아쓰마로(近卫笃麿)는 이를 더 발전시킨 '동아시아 동문회(同文会)'를 설립하여 동아시아를 개선하고 보존할 아시아 주의로 서양과 항쟁하려고 하였다. 그러나 일본 지식층이 지리,

문화, 인종의 친근감에 유래된 '아시아주의'는 '아시아 부흥'에서 '아시아 침입'으로 바뀌어 일본 군국주의가 확장하게 된 근거가 되었다.

일본의 아시아진흥론의 영향을 받아 한국의 지식층에서도 '아시아연대론'이 나타났다. 조선왕조 친일 대신 안경수(安駉壽)는 1898년 일본에 망명하면서 '한청일 동맹론'이라는 글을 써서 중국과 한국이 전면적인 근대화 개혁을 추진하고 일본과 동맹을 맺고, '삼국동맹'이 공동으로 서양 강대국에 저항하고 동양의 평화를 유지해야 한다고 주장했다. 이 긴 글은 당시 한국 상류층과 지식인의 공통된 견해를 반영했다.

러일전쟁 후 일본은 한국을 강제로 굴욕적인 '을사조약'을 체결하게 하여 한국을 일본의 피보호국으로 만들었다. 한국 지식층은 대부분 독립적이고 자주적인 나라로 동양평화를 적극 추구하려고 했으며, 힘을 키우고 인민을 교화하기 위한 애국계몽운동을 전개하였다. 이처럼 동북아 근대사가 크게 변화하고 새로운 사상이 나오게 된 배경 속에서, 안중근 의사는 동북아문화를 계승하였다. 그는 중국문화를 잘 이해하고 동아시아 문명 주체성이 깃든 가치관을 형성하였다. 동시에 일본의 압제로부터 조선을 구하고 동아시아 전체의 평화를 실현하려는 이상을 추구했다.

II. '안중근 정신'이 보여준 동북아 평화의 내적 논리

안중근 의사는 동북아의 위대한 사상가일 뿐만 아니라 동아시아 평화를 실천하는 행동자이기도 하다. 그 이유는 그가 조선의 독립과 부흥을 추구함에 있어 한민족의 독립과 부흥을 협소하게 추구한 것이 아니라, 역사적 과정과 장대한 비전 속에서 '동양평화'라는 역사적 과정을 추진했기 때문이다. 이것이 바로 동북아 평화 구축을 추진했던 '안중근 정신'이다.

근대 이후, 수천 년 동안 동북아 문명 전체의 자연 문명적 기반과 역사적 논리를 전복시킨 세 가지 부정적 요인이 개입하고 있었다. 첫째는, 서양 식민주의자들이 동아시아에서의 정복적 확장이다. 특히 미국이 대영제국과 협력하여 동아시아 대륙에서 더 많은 이익을 얻기 위해 일본의 동북아 확장을 지원한 행동이다. 둘째는, 제정 러시아가 중국 '의화단(义和团)' 내란을 기회로 시베리아에서 신속하게 남쪽으로 내려와 중국 동북지역과 조선반도를 침입한 것이다. 셋째는, '탈아입유' 후의 일본이 서양 강대국의 권력정치 논리를 가지고 조선반도와 중국에 군국주의적 확장으로 침략한 것이다. 그중 일본은 서양과 통합하고, 중국을 공격하며, 한국을 통제하는 식으로 동북아의 전통질서와 자연논리를 근본적으로 전복시키려 하였다.

당시 조선 정부는 조선을 지키기 위해 일본과 친해지러 했으나, 결국 국가독립권과 국가 주권을 잃어버리게 되었다. 이러한 상황은 안중근의 일본에 대한 혐오감과 저항을 불러일으켰다.

안중근은 위의 세 가지 적대세력을 모두 부정하였다. 안중근 의사는 더 높은 차원에서 한·중·일이 동북아 문명체의 구성원으로서 서로 공조하고 협력하여 외부로부터의 침략에 저항해야 한다고 주장했다.

안중근 의사는 일본 군국주의에 맞서는 의거를 통해 동아시아에서 한·중·일 간 협력의 이상적인 상태를 구현했다. 1908년에는 군대를 이끌고 두만강을 건너 일본에 대한 군사작전을 벌여 많은 일본군을 포로로 잡았다. 그러나 안중근은 죄수들을 죽이지 않았고, 만국공법을 준수할 것을 주장하며 다른 의병들의 반대에도 불구하고 죄수들을 풀어주었다. 이는 그의 관대함과 평화에 대한 추구를 충분히 보여준다. 또한 한국, 중국, 일본 국가 간의 서로 이해와 협력을 구축하려는 그의 깊은 의도를 반영하였다.

이듬해 일본 총리와 조선 통감, 그리고 당시 추밀원 의장인 이토 히로부미를 암살하는 전 세계를 경악하게 한 행동은 어쩔 수 없는 선택이었다. 그는 동양평화론을 실천하기 위해 무력을 사용했다. 안중근 의사는 행동으로 항일했고, 그의 '동양평화' 사상을 실천했다.

안중근 의사는 구속 후 감옥에서의 변론에서 그의 '동양평화' 사상을 구체적으로 표현했으며, 순국하기 전에 자신의 사상을 상세하게 설명하기 위해 ≪동양평화론≫을 작성하려고 했다. 안중근 의사는 일본 법정에서 이토 히로부미 암살(주살)이 조선의 독립과 동양의 평화를 위한 것이므로 무죄라고 진술했다. 그리고 감옥 재판에서 그는 '하얼빈에서 이토 히로부미를 죽인 것'이 동양평화를 위한 정의로운 투쟁임을 강조했고, 뤼순감옥에서 동양평화를 이야기하는 것은 그의 영웅 정신과 동양평화 통일 사상을 절실히 반영했다.

안중근 의사가 당시 말한 '동양'은 사실 동북아시아, 나아가 동아시아 전체를 가리킨다. 일본 외무성 외교문서 보관소가 소장한 〈이토 공작 만주시찰 일건〉 문서에 수록된 안중근 진술 기록을 보면, 안중근이 정의롭고 늠름하게 그의 동양평화 주장을 진수하였다. 그는 동양평화를 이루는 데는 다음 세 가지 측면이 있다고 생각했다.

첫째, 정치적 측면으로 일본이 뤼순을 중국에 돌려주고, 또 뤼순에서 한·중·일 평화회담을 개최함으로써 전 세계의 신뢰를 얻고, 한·중은 평화와 행복을 얻게 될 것이다. 둘째, 경제적 측면으로 삼국은 동양평화협회를 설립하고 회원을 모집하며, 회원은 회비로 1위안을 내고, 회비로 동아시아 삼국 공유의 은행을 설립해 통용 태환권를 발행함으로써 삼국의 재정 문제를 해결할 수 있다. 셋째, 군사적 측면으로 한·중·일은 뤼순에서 일본이 관리한 공동군항을 건설하고 삼국 청년을 뽑아서 공동군을 구성한다. 뽑은 청년들은 삼국 언어를 다 능통해야 하여 형제 국가의 개념을 강화한다. 요컨대, 일본은 솔직하고 성의 있어야 하며, 한국과 중국에 대한 침략을 중단하고, 삼국이 평화를 유지하고 협력을 실현할 수 있는 동아시아 질서를 공동으로 구축해야 한다.

안중근 의사가 순국 직전에 쓴 《동양평화론》에서는 '서, 전감, 현상, 복선, 문답' 다섯 부분으로 나누어 자신의 동양평화 사상과 주장을 체계적으로 설명할 계획이었다. 그러나 일본인이 처형을 앞당겼기 때문에 그는 서와 전감 두 부분, 총 3,000여 자만 썼다. 안중근은 논저의 '서'에서 한정일 삼국이 협력해서 공동으로 '서세동점(西勢東漸, 서양이 동양을 지배한다, 밀려드는 외세와 열강)'에 맞서야 한다는 중심 논점을 제기하였다. 또한 일본이 동양평화에도 불구하고 한·중 양국을 침략하는 행위를 단호하게 비판했다.

재판에서 안중근 의사는 이토 히로부미의 15가지 죄 중 14째는 바로 '동양평화를 훼손하는 죄'라고 했다. 안중근은 늘 반일보다 동양평화 사상을 강조했는데, 글에서 '일본 천황'이라는 단어가 나오자 '천황' 앞에 띄어쓰기를 남겨 일본이 반성하고 개과천선할 수 있기를 바라는 마음을 표현했다. 그는 제1장에서 "현황을 무시하고 같은 문화권의 이웃 나라를 침범하는 자들은 결국 하늘 보고 침 뱉는 것이다(不顾自然之形势´剥害同种邻邦者, 终为独夫之患)"라고 명확히 지적했다. 1910년 2월 14일, 안중근의 사형을 선고받고 그는 법정에서 "세상이 뒤집히고 의사가 탄식하며 건물이 곧 무너지는데 나무 한 그루도 지탱할 수 없다(天地翻覆, 义士慨叹；大厦将倾, 一木难支)."라는 절명시를 써서 속마음의 무력함을 표현하였다.

　안중근 의사의 의거 행동은 자신의 주장과 반대되는 것처럼 보이지만 사실은 동양평화 사상과 일치한 것이다. 그의 암살 의거는 안중근 의사의 '동양평화'의 사상적 가치를 보여주었다. 그의 주장은 후기 국제연맹, UN, 그리고 유럽연합과 가까운 것처럼 보였지만, 서양 국제연맹의 구상보다 10년이나 앞선 것으로 전망성이 높다.

　안중근의 이러한 가정은 당시로서는 비현실적이고 유토피아적인 것처럼 보였지만, 동북아 역사상 동아시아 평화론을 목숨 바쳐 해석한 사람은 안중근뿐이다. 안중근 의사는 의연하고 용감한 독립운동가였을 뿐만 아니라 인재 양성에 헌신한 교육자, 서예에 탁월한 소질을 지닌 서예가, 동아시아의 평화를 실천한 사상가였기도 하다. 그는 조국의 독립을 위해 일생을 바치며 동아시아의 평화를 위해 힘썼고, 일본인 포로를 풀어주는 행동으로 그의 평화사상을 실천했다. 이러한 관대

함과 무한한 자애로움의 정신은 존경스럽고 배울 가치가 있다. 그가 짧은 생애 동안 가졌던 미래지향적인 통찰력은 '안중근 정신'을 형성했고, 한국뿐만 아니라 동아시아 국가에서도 높은 평가를 받고 있다.

Ⅲ. '안중근 정신'의 동북아 '안전공동체'의 함의

안중근 의사의 의거는 한국과 중국 국민을 서양의 식민과 일본의 침략에 저항하고 독립을 추구하는 과정에서 서로 협력하도록 격려하였다. '안중근 정신'은 동아시아 나라 사상계에 협력을 통한 장기적 지역 통합을 실현하기 위한 지침을 제시하였다. 이러한 정신은 동북아 국가 간 화해를 위해 노력하는 사상가들, 동북아 평화를 적극적으로 추진하고 동북아 안전공동체 구축을 위해 노력하는 정치인들에게 아직도 긍정적인 영향을 미치고 있다.

안중근 의거는 발생 당시에도 중국에서 큰 관심과 찬사를 받았다. 중국 신문들은 보편적으로 이 의거를 보도하고 그의 행동을 '수만 명의 울부짖음과 수천 편의 항의서(抵万人之哭诉, 千篇之谏书)'의 가치와 같다고 찬양했다. 안중근 순국 후 손중산은 다음과 같이 썼다:

> 공은 삼안을 넢고 이틈은 만국에 녈치나니 백세의 삶은 아니나 숙어서 선추에 드리우리. 약한 나라 죄인이요, 강한 나라 재상이라. 그래도 처지를 바꿔 놓으니 이등도 죄인 되리.
>
> "功盖三韩名万国, 生无百岁死千秋, 弱国罪人强国相, 纵然易地亦藤侯." 章

太炎撰文讴歌他的爱国行为, 称安重根为 "亚洲第一义士".

당시 일본에 계신 량치차오(梁启超)는 안중근의 순국을 알게 된 후에 그를 위해서 칠언율시 〈추풍단등곡(秋风断藤曲)〉을 지어서 존경하는 마음을 보여주었다.

 흙모래 대지를 휩쓸고 강쇠바람 울부짖는데 칼날 같은 흰 눈이 흑룡강에 쏟아진다. 다섯발자국에 피 솟구치게 하여 대사를 이루었으니 웃음소리 대지를 진감하누나.
 내가 사나이 대장부로 태어나 자기의 죽음을 예사로 여기지만 나라의 치욕을 씻지 못했으니 어찌 공업을 이루었다 하리오. 영구 실은 마차 앞서 가는데 뚜벅뚜벅 말발굽 소리 애처롭구나.
 먼 하늘 바라보니 상복이나 입은 듯 먹장 같은 구름 안개 대지를 덮었네.
 "黄沙卷地风怒号, 黑龙江外雪如刀。流血五步大事毕, 狂笑一声山月高。男儿死耳安足道, 国耻未雪名何成？盖世功名老国殇, 冥冥风雨送归榇。一曲悲歌动鬼神, 殷殷霜叶照黄昏."

북양 위안스카이(袁世凯)도 안중근을 기념하기 위해 시를 한 수 썼다.

 평생을 벼르던 일 이제야 끝났구려, 죽을 땅에서 살려는 건 장부가 아니고 말고, 몸은 한국에 있어도 만방에 이름 떨쳤소. 살아서 백 살이 없는 건데 죽어 천년을 가오리다.
 "平生营事只今毕, 死地图生非丈夫。身在三韩名万国, 生无百岁死千秋."

나중에 중화인민공화국 총리 저우언라이는 조중 관계를 거슬러 볼 때도 "청일전쟁 후 중국과 조선 인민의 항일투쟁은 20세기 초 안중근이 하얼빈에서 이토 히로부미를 암살(주살)하는 것으로서 시작된다."라고 강조했다. 이로 중국과 한국의 사상계와 정치계가 모두 안중근을 높이 평가한 것을 볼 수 있다.

안중근의 '동양평화' 사상이 얼마 후에 중국 정치인들에 의해서도 실천하고 널리 알려졌다는 점은 주목할 가치가 있다. 중국의 유명 정치가 리다자오(李大釗)는 1919년 1월 1일 〈국민〉 잡지에서 '대아시아주의와 신아시아주의'라는 글을 게재하여 일본의 일부 사람들이 추진하는 '대아시아주의'의 본질이 '약한 민족, 나라를 침략하는 제국주의', '세계 조직을 파괴하는 씨앗'임을 엄정하게 지적했다. 일본의 침략적인 '대아시아주의'에 대응하여 리다자오는 '신대아시아주의'를 제창하고, '신아시아주의'를 명확히 설명하며 이를 '아시아연맹' 건설의 지도 사상으로 삼았다. 즉, 주권을 가진 국가인 중국 외에 일본이 삼킨 '류큐'와 '조선'도 포함되어야 한다는 것이다. 남에게 침략받은 자들을 모두 해방시키고 민족자결주의를 실시한 후에야 '대동맹이 결성될 것'이라고 했다. 그리고 '아시아연맹'을 기반으로 '유럽, 미국과의 동맹이 힘을 합쳐 세계연맹을 추진하고 인류의 행복을 증진'시킨다는 것이다.

리다자오는 세계 정세를 관찰하는 관점에서 '세계 연방'의 출현 가능성을 예견했다. 그는 "세계의 성세를 보면 앞으로 미주가 미주 연방이 되고, 유럽이 유럽 연방이 되고, 아시아도 비슷한 조직을 만들어야 한다."라며 이것이 '세계 연방의 토대'라고 말했다. 이 사상과 주장은 오늘날의 관점에서 볼 때도 매우 진보적이다.

또한, 중국공화혁명의 선구자인 손쭝산 선생은 1924년 11월 28일 일본 고베여자고등학교에서 '대아시아주의(The Great Asianis or Pan-Asianism)'라는 제목으로 학술강연을 하도록 초청받았다. 그는 우리가 '대아시아주의'를 말할 때 왕도를 기반으로 하며 불의에 맞서 싸워야 한다고 강조했다. 19세기 말과 20세기 초 아시아의 불평등한 국제관계를 변화시키기 위해서는 '대아시아주의'가 활용되어야 한다. 이를 위해 그는 중일 협력을 기반으로 하고 평등, 자유, 상호 지원, 호혜의 아시아 지역주의를 확립하고자 호소했다. 이로서 중국과 한국의 사상 선구자들은 동양평화주의와 신아시아주의의 사상적 불꽃으로 빛나고, 양국이 군국주의 전쟁에 저항하고 전후 동북아 평화를 추구하는 데에 사상적 영혼을 불어넣었다고 볼 수 있다.

전후 냉전을 거치면서 동아시아 국가들은 서로 대립했지만, 평화주의와 지역 협력의 사상과 행동은 지속됐다. 일본에서는 1950년대 이후 '평화주의'가 폭넓은 사회적 지지를 받은 사조가 되며 나중에 평화운동으로 발전했다. 여기서는 전후 일본 헌법의 평화적 성격을 재고할 필요가 있다.

일본 헌법 제9조는, '일본은 국제분쟁 해결을 위한 전쟁, 무력 위협, 무력 사용을 영원히 포기한다.'라고 명시하고 있으며, 이를 달성하기 위해 육·해·공군 및 기타 군사력을 보유하지 않고 국가의 교전권도 인정하지 않는다고 했다. 이는 일본이 무력을 유지하지 않고 전쟁을 포기하며 '전수방위' 국방정책만 지키겠다는 일본의 최고법적 약속이다. 이는 일본이 전후 국제사회에 복귀하기 위한 전제조건이자, 일본의 전후 평화 노정의 법적 초석이기도 하므로 이 헌법을 '평화헌법'이라 부른다.

  냉전이 끝난 뒤 남한과 북한이 모두 유엔에 가입하고, 중국도 남북한 모두와 정식 수교를 맺으면서 동북아의 두 집단 간 첨예한 대립은 끝났다. 특히 21세기 초부터 동북아 3대 핵심 국가인 한국, 중국, 일본이 동북아 국가들의 연맹을 적극적으로 추진하기 시작했다는 점을 지적할 필요가 있다.

  1999년 11월 한·중·일 정상은 'ASEAN+3' 체제 내에서 처음으로 정상회담을 가졌으며, 2003년에는 삼국이 '한·중·일 3국 협력을 추진하고자 하는 연합선언'에 서명했다. 이로서 3국 정상이 처음으로 협력을 논의한 공동문서를 발표했다. 2008년에는 10+3 틀 밖에서 처음으로 한·중·일 정상회담이 일본 후쿠오카에서 개최됐다. 3국은 처음으로 파트너십의 입장을 명확히 밝히고 협력 방향과 원칙을 확립한 〈3국 파트너십에 관한 공동성명〉을 발표했다. 2011년 3국 협력사무국이 서울에 설립되었다. 같은 해 한·중·일 정상회담에는 '원자력 안전협력'과 '재난관리협력' 등 문서를 통과시켰다. 2015년 11월 제6차 한·중·일 정상회담이 한국의 수도인 서울에서 개최됐고 〈동북아 평화와 협력에 관한 공동선언〉이 발표되었다. 2019년 12월에는 3국 정상이 〈향후 10년 한·중·일 협력 전망〉에 관한 공동성명을 발표했고 '3국 간 협력 수준을 공동 향상'하고 지속적인 평화와 안보를 유지하는 것을 핵심 목표로 삼았다.

  동북아 지역에서 한·중·일 간 협력은 다원적, 다분야의 틀을 형성했으며, 약 20개의 장관급 메커니즘을 포함한 50개 이상의 정부 간 협의 메커니즘이 상호 조정과 협력을 적극적으로 추진하고 있다는 점에 주목해야 한다.

그러나 위에서 지적한 근대 동북아 문명의 건설 전반을 훼손해 온 세 가지 주요 요인은 현재의 동북아 국제관계 틀에서 다시 한번 두드러지며 동양의 평화적 협력 과정을 가로막고 있다.

동북아 국제 안보 환경 유지에는 세 가지 큰 도전에 직면해 있다. 첫째, 서구 초강대국인 미국이 '인도·태평양 전략'을 견지해 동아시아 지역에 개입하고 '역외균형'으로 그의 지배적인 패권 위치를 확보한다는 점이다. 둘째, 러시아는 러시아-우크라이나 분쟁 이후 북한과의 안보 관계를 강화해 핵무장을 추구하는 북한을 더욱 자만하고 강경하게 만들었다. 셋째, 일본은 '탈아입유'의 역사적 경험을 바탕으로 다시 한번 서구로 눈을 돌려 동아시아를 지배하려는 야심을 추구하는 전략적 야망을 가지게 되었다.

116년 전 안중근 의사가 직면한 국제정세는 다시 한번 평화를 사랑하는 동북아 인민들 앞에 나타난 것 같다. 미국 정치계에는 "우리는 19세기 미래로 돌아가고 있다(We are heading back to the future of 19th Century)."는 말이 있다. 미국 사상계와 전략계는 자신들의 사상지향과 전략적 행위를 19세기 권력정치와 20세기 이데올로기 정치로 복귀시켰다. 일본 역시 미국을 따라 새로운 '탈아입유'로 동아시아 대륙을 안보 차원에서 봉쇄하고 있다. 반면 한국은 미국의 전략에 순응하고 일본의 뒤를 따르며 안개가 자욱한 미래를 향해 나아가는 등 자아를 잃은 것 같다.

동북아 국가들은 서양 강대국의 조종을 받고 문명적 주체성을 회복할 수 없는 운명인가? 중국 지식계는 답을 찾고 있다. 이를 위해서는 다시 '안중근 정신'의 논리적 출발점으로 돌아가야 한다. 현재 동북아의 안보 대립과 잠재적 갈등 위험은 '안중근 정신'에 배치되는 것이다. '동양'은 동북아 인민의 지역이다. 한·중·일은 우리가 태어나고 크는 이 땅과 민족을 소중히 여겨야 한다. 또한 자연의 '지리적 문명' 논리로 동아시아의 평화를 유지하고 지역사회를 구축해야 한다. 서구의 '지역적 정치' 논리와 권력정치 하에 한·중·일 관계를 보면 안 되고, 서양의 패권 전략에도 따르지 말아야 한다.

2022년 4월 21일 중국 정상은 보아오(博鰲) 아시아 포럼에서 인류가 불가분의 안보 공동체임을 표명하며 처음으로 글로벌 안보 구상을 제안했고, 얼마 지나지 않아 5월 19일 브릭스 외교장관 회담에서는 이를 더욱 발전시켜서 각국은 "정치적 상호 신뢰와 안보 협력을 강화하고, 주권과 안보, 발전 이익에 대한 상호 존중을 강화하며, 인류 안보 공동체를 공동으로 구축해야 한다."라고 명시했다. 2023년 2월에는 〈글로벌 안보 이니셔티브개념문서〉를 발표하여 글로벌 안보 구상 이행을 촉진했다. 그리고 "인류는 불가분의 안보공동체이며, 한 국가의 안보가 다른 나라의 안보를 희생시켜서는 안 된다."라고 다시 한번 강조했다. 이러한 인류의 '전체적인 안보'에서의 상호 불가분성은 '안중근 정신'의 평화 건설 논리와 맥을 같이 한다.

얼마 전 유엔 주재 중국대표부는 안전보장이사회 순회 의장으로서 '노반쇄(魯班鎖)'를 안전보장이사회 회원국들에게 선물로 증정하고, 노반쇄가 중국 전통문화와 고대 장인정신을 대표하는 작품으로 안보와 평화의 총체적 논리를 전시하고 있다고 알렸다. 노반쇄는 각 부품이 촘촘하게 집합된 일체성을 구현하며, 고정을 위해 외부 못이 필요하지 않고, 자체의 순묘(榫卯, 짜 맞추는) 구조가 서로 맞물려 완벽하게 결합된다. '안중근 정신'의 논리는 이러한 동양적 지혜의 역사적 전개이다. 동북아 국가들과 국민은 서구 국가들이 우리 동아시아 사회에 박아놓은 못을 뽑아내고, 서로의 자연스럽고 합리적인 관계를 바로잡고, 서로 존중하고, 서로 보호하고, 서로 협력해야 한다. '동양평화' 사상의 지도하에 동아시아 지역의 평화와 안정을 공동으로 유지하고 '동북아 안보 공동체' 건설을 진심으로 추진해야 한다.

Ⅳ. 결론

안중근이 동양평화를 촉진하기 위한 사상과 행동이 '안중근 정신'을 형성시켰다. 그는 독일 철학자 임마누엘 칸트의 '영원한 평화' 추구 이상과 유사하지만 보다 구체적이고 실행 가능하며 역사적 발전을 이루었다. 그의 사상은 유엔이나 유럽연합은 물론 후기 국제연맹의 사상과도 가까운 것처럼 보였지만, 서구의 국제연맹 사상보다 10년이나 앞선 것이다. 안중근 의사의 '동양평화' 사상은 의심할 바 없이 한국 역사상 귀중한 정신적 재산이며, 동북아 안보 공동체 건설의 사상적 선구자이기도 하다. 동아시아와 세계의 평화를 추구하는 그의 사상은 언제나 밝게 빛날 것이며 오늘날에도 여전히 중요한 의미를 가지고 있다. '안중근 정신'이라는 사상적 논리에 따라 한국, 중국, 일본은 지속적이고 안정적인 동북아 안전공동체를 구축하기 위해 협력해야 한다.

以"安重根精神"建构东北亚"安全共同体"[54]

安重根义士是韩国的民族英雄,也受到东亚其他国家的敬仰.他的义举给韩中两国,甚至是东亚区域留下了丰富的政治思想遗产.安重根义士的"东亚和平"的主张,与东亚千年的文明传统相契合,是现代东亚历史上的自然体现.它也揭示在近代西方殖民主义和强权政治冲击下,东北亚的中日韩三国安全上的辩证关系,更预示着当前和未来东北亚合理的安全秩序的建构逻辑.东北亚国家有必要秉持"安重根精神",努力改变当前不扭曲而不合理的东北亚安全关系,追寻一条通往东北亚"安全共同体"的健康之道.

I. 安重根义举的思想渊源与行为逻辑

东亚区域,特别是东北亚次区域自古以来就是一个整体性的文明体,各民族在文化上有着悠久而深厚的文化内在链接.从人种上来看,中韩两国有着"箕子入朝"的故事,中日两国有"徐福东渡"的传说;更不用说中韩古

---

[54] 苏浩(外交学院战略与和平研究中心主任, 中国人民大学全球治理与发展研究院副院长)

代的人文共通,中日汉唐以来的文化联动,直至近代,延绵不断.其中,朝鲜半岛由于与东亚大陆相接相通,更是文脉共享,制度相连,荣辱与共.日本与中国大陆和朝鲜半岛隔海相望,安全上则有对立抗争的历史,这才有了联手击败"丰臣秀吉"入侵和抗击倭寇袭扰的内部战争事例.这也说明中韩日在东北亚是一个互动的整体.这一地缘文明的整体性,奠定了东北亚三国有一种潜在而深刻的区域性统合相融的"义理",也是近代以来三国知识界和政策界追求东北亚合作与兼容的文明基础.这也是安重根追求"东亚和平"背后的思想渊源,采取刺杀伊藤博文之"义举"的行动逻辑.

世界进入近代历史进程时,欧美殖民主义者秉持"丛林法则"的强权行径和国强必霸的帝国逻辑,先后向东北亚的中日韩三国张开了侵略扩张的魔爪.中国成为首当其冲的征服对象,受尽列强进攻、压制、侵占之苦.日本在西方势力阴影下,通过"脱亚入欧"变法改革,在中国与西方对抗的缝隙中乘机崛起.利用西方的纵容,日本"废藩置县"吞并琉球,甲午战争击溃大清,英日结盟打败沙皇.日本在白人统治的世界里,以西方强权政治的行为逻辑,在东亚文明失重的环境中乘势实现崛起.韩国成为则利用西方帝国逻辑进行殖民扩张的日本的打击对象.在西方"工业文明"主宰世界的大背景下,东亚的千年文明体被扭曲,被撕裂,被击碎了.

十九世纪中后期,面对拥有工业实力和热兵器强力的西方殖民扩张的"千年未有之大变局",中国思想家魏源提出"师夷之长技以制夷"的策略,李鸿章为代表的开明官僚则开展了自强变法的"洋务运动",更有张之洞形成了"中学为体,西学为用"的学理性引导.日本"维新三杰"之一的大久保利通,在1874年到中国与李鸿章就"天津条约"交涉时,提出了以"日本、清国、朝鲜等东洋国家团结"为目的的国家语言学校的建议,并建立"振亚会",从而萌动了"亚细亚主义"思想.而政治家近卫笃麿则进一步传承"东亚同文会",倡导改善和保全东亚,以亚洲主义对抗欧美.然而,日本思想界基于地理、文化、人种之亲近感的"大亚细亚主义",却经历了一个从"兴亚"到"侵亚"的嬗变,最终成为日本"军国主义"侵略扩张的理论依据.韩国思想界在日本兴亚主义的影响下也产生了"亚洲连带论".朝鲜王朝亲日大臣安駉寿1898年亡命日本时写作了《韩清日同盟论》一文,主张中国和韩国应该进行全面的近代化改革,与日本结成同盟,"三国连带"共同抵制欧美列强入侵,维护东洋和平.这篇长文反映了当时韩国上层人士和知识分子的普遍观点.日俄战争后日本强迫朝鲜签订屈辱的《乙巳条约》,将韩国变为日本的保护国后,韩国知识界主流则转而争取以更加自主自立的形象来把握东洋和平的主动权,掀起了以养成实力和启迪民智为目的的爱国启蒙运动.

安重根义士正是在东北亚近代历史大变迁和思想意识新发源的背景下,连接了东亚文化传承,他具有非常深厚的中华文化积淀,形成东亚文明主体性的价值观.同时又兼具从日本压迫下解救韩国,实现东亚整体和平的理想追求.

II. "安重根精神"体现的东北亚和平内在逻辑

安重根既是东北亚区域的一位伟大的东亚思想家,也是一位践行东亚和平的行动者.他在追求韩国独立复兴的行动中,并非狭隘地践行单一民族的独立和复兴,更从深远的历史进程和宏大的文明视野,推动"东亚和平"历史进程.这就是推动东北亚和平建构的"安重根精神".

近代以来有三个介入性消极因素,颠覆了千年来东北亚文明整体的自然文明基础和历史逻辑.一是西方殖民主义对东亚的征服性扩张,特别是美国协同日不落大英帝国,支持日本在东北亚的扩张,以便它们扩大在东亚大陆的利益;二是沙皇俄国乘着中国"义和团"内乱,从西伯利亚迅速南下侵入中国东北和朝鲜半岛;三是"脱亚入欧"后的日本以西方强权政治逻辑,向朝鲜半岛和中国开始了军国主义扩张式的吞并.其中日本甘愿融入西方,打击中国,控制韩国,从根本上颠覆了东北亚的传统秩序和自然逻辑.而当时的朝鲜政府则试图亲近日本以求自保,正在葬送自身的独立和主权.这种状况自然引起了安重根对日本的反感和抗拒.安重根对这三类敌对性势力都采取否定态度,他从更高远的视角,主张作为东北亚文明体成员的韩中日应相互协调合作,抵制来自外部的西方根本性征服.

安重根义士在身体力行地反对日本军国主义的军事行动中,体现出东亚中韩日三国协作的理想境界.1908年他在率军渡过图们江展开对日军事行动中,俘获多名日军人员.但安重根并没有杀死俘虏,反而在其他义兵的反对下坚持遵从万国公法释放了俘虏.这充分显示了他的气量以及热爱和平的思想,更体现了他试图建构中韩日民族间的理解与协作的深层意图.而他在次年采取的震惊世界的行动——刺杀日本前首相和朝鲜统监、时任日本枢密院议长的伊藤博文,更是他以武力行动践行他的东亚和平思想的的无奈义举.安重根以行动上的抗日,践行他"东洋和平"的思想.

安重根在监狱中的自我辩护词中具体表达了他的"东亚和平"主张,并试图在英勇就义前撰写《东亚和平论》一文,以详细阐述他的思想体系.

安重根在日本法庭接受审判时阐明,刺杀伊藤博文一举是为了韩国独立和东洋和平,因此他并没有罪。继而在狱中的庭审中,他强调自己在哈尔滨击毙伊藤博文是为东洋和平的正义战斗,在旅顺监狱中大谈东洋和平,展现出他的豪迈英雄气概,更体现他和平整合东亚的深刻思想。

安重根在当时的语境下所谈的"东洋",实指东北亚,乃至整个东亚。依据日本外务省外交史料馆所藏资料《伊藤公爵满洲视察一件》中收录的安重根陈述记录,可以看出安重根大义凛然地陈述了他的东亚和平主张。他认为要实现东洋和平,可以有三个方面:第一,政治方面:日本将旅顺归还中国,韩中日三国在旅顺召开和平会议,可使日本获得世界的信任,韩中获得永久的和平与幸福。第二,经济方面:三国可以成立东洋和平会,募集会员,每名会员出资一元作为会费,利用会费设立东亚三国共同的银行,发行通用的兑换券,可解决三国的财政问题。第三,军事方面:韩中日可在旅顺建立共用军港,由日本负责管理,并选拔三国青年组成共同的军队,这些青年应学会其他两国语言,以增强兄弟之国的观念。总之要求日本应坦诚相待,停止对韩中两国的侵略,三国共同构建维护和平与实现合作的东洋秩序。

而在安重根就义前不久撰写的《东洋和平论》的论著中,他原计划将内容分为序、前鉴、现状、伏线、问答5个部分,系统阐释他的东亚和平思想和主张。但由于日本人提前刑期,他只写了序和前鉴两个部分,共3000多字。在论著的"序"中,安重根提出了韩清日三国应团结合作,共同抵制"西势东渐之祸"的中心论点,并着重批判了日本不顾东洋大局、侵略韩中两国的行径。而在庭审期间,安重根列举伊藤博文的十五条罪状中的第14条,便是"破坏东洋和平"。安重根始终强调他的东亚和平主张而非反日思想,他在行文时遇到"日皇"两字时还在"皇"前空一格,以表达他希望日本"洗心革面"和"改邪归正"的愿望。在第一章中他明确指出∶"不顾自然之形势、剥害同种邻邦者,终为独夫之患"。1910年2月14日,安重根被判处死刑,他当庭写下了"天地翻覆,义士慨叹;大厦将倾,一木难支"的绝命诗,表达内心的无奈。然而,安重根义士看似行动与主张相悖,实则与其和平思想一体承袭的。这正是这种刺杀义举,展示了安重根"东洋和平"的思想价值。他的主张似乎接近与后来的国联,以及联合国或欧盟组织,却还比西方的国联构想早了10年,非常具有深远的前瞻性。

安重根的这些设想在当时看似是一种不切实际的空想,但东北亚历史上以献出生命的代价来诠释东亚和平论的仅有安重根一人。安重根义士不仅是一名坚毅勇敢的独立运动的活动家,也是一位致力培养人才的教育家、拥有极高书法造诣的书法家,更是拥抱东亚和平的思想家。他把毕生奉献于祖国独立,同时努力为东亚地区缔造和平,更以释放日本战俘的实际行动实践他热爱和平的理念。这份气度和大爱的精神实在值得我们尊敬和学习。他在短暂的一生中所具有前瞻性的真知灼见,形成了一种"安重根精神"。他不仅在韩国备受推崇,也在东亚国家受到敬仰。

Ⅲ. "安重根精神"的东北亚安全共同体内涵

安重根的义举一直激励着中韩两国人民,抵制西方主宰和抗击日本侵略,在追求独立的过程中相互协作。"安重根精神"则给东亚国家思想界提供了以合作实现区域整合的长远方向引领。这种精神至今仍积极影响着那些致力于促进东北亚国家间和解的思想家,以及积极推动东北亚和平进程,力图建构东北亚安全共同体的政治家.

安重根义举在当时就已在中国引起了极大的关注和称赞.中国发行的不少报纸普遍报道了这一义举,并赞扬其行为足以"抵万人之哭诉,千篇之谏书".安重根殉国后,孙中山曾题词:

"功盖三韩名万国,生无百岁死千秋,弱国罪人强国相,纵然易地亦藤侯."章太炎撰文讴歌他的爱国行为,称安重根为"亚洲第一义士".

在日本的梁启超得知安重根殉国消息后为他作了一首七律《秋风断藤曲》,以表敬慕之情:

"黄沙卷地风怒号,黑龙江外雪如刀.流血五步大事毕,狂笑一声山月高.男儿死耳安足道,国耻未雪名何成?盖世功名老国殇,冥冥风雨送归橹.一曲悲歌动鬼神,殷殷霜叶照黄昏."

连北洋袁世凯也题词纪念安重根:

"平生营事只今毕,死地图生非丈夫.身在三韩名万国,生无百岁死千秋."

而后来任中华人民共和国总理的周恩来在回顾中朝历史关系时也强调说:"中日甲午战争后,中朝人民反对日本帝国主义侵略的斗争是本世纪初安重根在哈尔滨刺杀伊藤博文开始的."可见,中韩两国思想界和政界对安重根都给予了高度的评价.

　　值得注意的是,安重根的"东洋和平"思想,也为不久以后的中国政治家所发扬光大.中国著名的政治家李大钊就曾于1919年1月1日,在《国民》杂志发表《大亚细亚主义与新亚细亚主义》一文,严肃地指出日本一些人所宣扬的"大亚细亚主义"之本质是"吞并弱小民族的帝国主义","乃是破坏世界组织的一个种子".与日本的侵略性"大亚细亚主义"相对应,李大钊提出的是"新亚细亚主义",他明确阐释了"新亚细亚主义",使之成为构建"亚洲联邦"的指导思想.即除了自强自主的中华民族,还应包括被日本吞并的琉球、朝鲜.在"被人吞并的都该解放,实行民族自决主义"之后,"结成一个大联合".并在"亚洲联邦"的基础上,"与欧美的联合鼎足而三,共同完成世界的联邦,益进人类的幸福".从观察世界形势而言,李大钊预测到"世界联邦"出现的可能性.他说,"看世界大势,美洲将来必成一个美洲联邦,欧洲必成一个欧洲联邦,我们亚洲也应该成立一个类似的组织,这都是世界联邦的基础".这个思想和主张,在今天看来,也是非常超前和先进的.此外,中国共和革命的先行者孙中山先生也曾于1924年11月28日应邀在日本神户高等女子学校进行题为"大亚洲主义"(The Great Asianis or Pan—Asianism)的专题学术演讲.他突出强调我们讲"大亚洲主义",以王道为基础,是为打不平.应以"大亚洲主义"致力于改变亚洲在19世纪末、20世纪初不平等的国际关系.为此,他呼吁以中日合作为基础,联合亚洲其他民族,建立平等自由、互助互利、共谋亚洲发展的亚洲区域主义.可见,中韩两国的思想先驱者,都焕发出东洋和平主义和新大亚洲主义的思想火花,这为两国人民反抗军国主义的战争和战后追求东北亚的和平,注入了思想的灵魂.

战后东亚国家虽在冷战期间相互对抗,但和平主义和区域合作的思想和行动持续存在.在日本,50年代后"和平主义"形成了拥有广泛社会基础的思潮,并演变成一场引人注目的和平运动.这里需要提出战后日本宪法的和平性质.宪法第九条明文规定:日本永远放弃发动战争、武力威胁或以武力作为解决国际争端的手段;为达成这一目的,日本不保持陆海空军及其他战争力量,不承认国家交战权.这是日本以国家最高法律形式承诺放弃战争、不保有武力,奉行"专守防卫"的国防政策.这是日本战后回归国际社会的前提,也是日本战后走和平道路的法律基石,因此这部宪法被称为"和平宪法".

冷战结束后,韩国和朝鲜都加入了联合国,中国也与半岛南北双方建立的正式的外交关系,东北亚两个集团尖锐对立的状况结束了.特别应该指出的是,进入21世纪以来,东北亚最核心的中日韩三国开始积极推动东北亚国家间的整合.1999年11月中日韩三国领导人首次在"东盟+3"框架内举行了首脑会议;2003年三国领导人签署《中日韩推进三方合作联合宣言》,这是三国领导人首次就三国合作发表共同文件;2008年首次"10+3"框架外的中日韩领导人会议在日本福冈举行,三方发表了《三国伙伴关系联合声明》,首次明确了三国伙伴关系定位,确定了三国合作的方向和原则;2011年三国合作秘书处在韩国的首尔建立;这一年,中日韩领导人会议通过了《核安全合作》、《灾害管理合作》成果文件;2015年11月第六次中日韩领导人会议在韩国首都首尔举行,发表了《关于东北亚和平与合作的联合宣言》;2019年12月三国首脑在中国成都发表了《中日韩合作未来十年展望》的联合声明,其中将"共同提升三国合作水平"和"维护持久和平安全"作为核心目标.需要说明的是,中日韩三国在东北亚的合作已形成多层次多领域的框架,约20个部长级机制在内的50多个政府间协商机制,在积极推动相互间协调与合作的展开.

然而,上文指出的近代以来破坏东北亚文明体整体建构的三大因素,在当前东北亚国际关系框架中再次凸显,正在阻断"东洋"的和平合作进程.东北亚国际安全环境的维护正面临三大挑战:第一是西方超级强权美国秉持"印太战略"强力介入东亚区域,以"离岸平衡"框架支撑起霸权主宰地位;第二,俄罗斯在俄乌冲突后更强化与朝鲜的安全关系,使追求核武装的半岛北方增加自负而强硬;第三,日本则吸取"脱亚入欧"历史经验,再次转向西方以追求其主导东亚的战略野心.116年前安重根义士所面临的国际局面,似乎再次呈现在东北亚爱好和平的人民面前.美国政策界有个说法:"We are heading back to the future of 19th Century".美国思想界和战略界,已将其思想取向和战略行为退回到十九世纪强权政治和二十世纪的意识形态政治状态.日本也追随美国以"新脱亚入欧"的方式,在安全上钳制东亚大陆.而韩国似乎失去自我,顺应美国的战略,跟从日本的脚步,朝向迷雾的未来前行.

难道东北亚民族就注定要受西方势力的摆布,无法找回我们自身的文明主体性?中国思想界正在寻求答案.为此,我们需要再次回到"安重根精神"的逻辑起点上.东北亚目前的安全对立和潜在冲突风险,恰恰是与"安重根精神"相背离."东洋"是我们东北亚人民的区域,中日韩三个民族应该珍惜我们所"生于斯长于斯"的土地和人民,以自然的"地缘文明"逻辑,维持我们的区域和平,建构我们的区域社会.而不应以西方的"地缘政治"模式和强权政治的方式,去处于我们三国间的关系,以服从与西方的霸权战略利益.

2022年4月21日,中国领导人在博鳌亚洲论坛首次提出全球安全倡议,主张人类是不可分割的安全共同体;不久后的5月19日金砖国家外长会上,又进一步指明各国应"加强政治互信和安全合作,相互尊重主权、安全、发展利益,共建人类安全共同体".2023年2月发布≪全球安全倡议概念文件≫以推进落实全球安全倡议,再次强调"人类是不可分割的安全共同体,一国安全不应以损害他国安全为代价".这种人类"整体安全"中相互不可分割性,与"安重根精神"的和平建构逻辑是一脉相承的.前不久,中国驻联合国常驻代表作为安理会的轮值主席,想安理会各国赠送了一个"鲁班锁"作为礼物,并告知大家作为中华传统文化和古代工艺的代表的"鲁班锁",所展示的是安全与和平的整体性逻辑.体现各部分紧密相聚合的鲁班锁的整体性,不需要外力的钉子扎住,而是靠自身自然的榫卯环环相扣,完美结合."安重根精神"的逻辑,正是这种东方的智慧的一种历史展现.我们东北亚国家和人民,需要祛除西方国家扎入我们东亚社会的钉子,摆正我们相互间自然而合理的关系,相互尊重,相互保障,相互合作,在"东洋和平"思想的引领下,共同承担以维护我们这个区域的和平稳定,真心实意地推动"东北亚安全共同体"的建构.

Ⅳ. 结论

安重根推动东洋和平的思想和行动,形成了一种"安重根精神",它类似于德国哲学家康德的"永久和平"理想追求,但更加具体可行,具有历史的进步性.他的主张似乎接近于后来的国联,以及联合国或欧盟组织,却比西方的国联构想早了10年.安重根的"东洋和平"思想无疑是韩国历史上一笔宝贵的精神财富,更是东北亚安全共同体建构的思想先驱.他所追求的东亚乃至世界和平的思想永远闪耀光辉,对今天仍有重要的启示.遵循这"安重根精神就"的思想逻辑,中日韩三国应该携手合作,努力建构一个持久而稳定的东北亚安全共同体.

제7장
안중근 기념, 동북아 평화 건설[55]

안중근 의사의 이름은 《呻吟语》에서 유래한 것이다. 원문은 "安重深沉是第一美质.定天下之大难者, 此人也." 안정되고, 진중하고, 깊이 있는 것이 가장 좋은 품격이다. 이것은 천하의 대난을 안정시키는 사람이고, 천하의 대문제를 분별하는 사람이다.

안중근은 1879년에 태어났는데, 그해 일본이 류큐를 병합한 해로 일본 대외 확장이 시작된 해였다. 당시 일본 메이지유신은 막 10년이 되었다. 본래 메이지유신 당시 구국도강(救国图强)을 위해 메이지 시대의 일본인도 아시아주의를 내세웠으나, 곧 아시아를 침략하기 시작했고 결국 실패로 돌아갔다. 일본의 교훈: 아시아의 부상(崛起) 없이는, 일본의 부상도 오래가지 못할 것이다. 아시아의 평화 없이는 일본의 평화도 없다. 일본에 대한 안중근의 항쟁은 패권주의에 대한 항쟁이기도 하다. 안중근에게는 아시아의 평화에 대한 꿈이 있다.

---

[55] 렌더퀴(廉德瑰) 상하이 외국어대학교 교수, 이 글은 저자가 2023년 11월, 서울 안중근의 사찾기 한·중민간상설위원회 세미나에서 발표한 원고를 확대 보완한 것이다.

Ⅰ. 안중근 정신, 중국에 영향

안중근은 하얼빈역에서 이토 히로부미를 주살했는데, 이는 영웅적인 행위이자 한국인의 일본 팽창주의에 대한 반항이며, 아시아 피압박 민족의 열강에 대한 반항이다. 안중근의 영웅적 쾌거는 중국에 큰 파장을 일으켰고, 안중근 의사가 순국하자 그 희생과 영웅 정신으로 아시아인들의 각성을 불러일으켰다.

저우언라이는 "중일전쟁 후, 중국과 조선 국민의 일제 침략 반대 투쟁은 안중근이 이토 히로부미를 주살하면서부터 시작되었다."라고 말했다. 젊은 시절의 저우언라이는 천진에서 연극〈안중근〉에 참가한 적이 있다. 덩잉차오는 "조선 영웅의 일본 이토 히로부미 주살을 기리는 연극 '안중근'을 저우언라이와 함께 연기했다."라고 말했다. 덩잉차오는 이 연극에서 남장을 하고 의사 안중근 역을 맡았다.

손쭝산은 그를 위해 "공은 삼한을 덮고 이름은 만국에 떨치나니, 백세의 삶은 아니나 죽어서 천추에 드리우리. 약한 나라 죄인이요, 강한 나라 재상이라. 그래도 처지를 바꿔 놓으니 이등도 죄인 되리.(功盖三韩名万国,生无百岁死千秋,弱国罪人强国相,纵然易地伊藤侯)"라고 글을 썼으며, 장타이엔(章太炎)은 안중근을 "아시아 제일의 의협"이라고 칭송했다.

량치차오는 '추풍단등곡(秋风断藤曲)'을 지어 "흙모래 대지를 휩쓸고 강쇄바람 울부짖는데 칼날 흰 눈이 흑룡강에 쏟아진다. 다섯발자국에 피 솟구치게 하여 대사를 이루었으니 웃음소리 대지를 진감하누나."라고 칭송했다.

II. 안중근 정신, 아시아에 영향

안중근이 저항한 것은 일본뿐 아니라 열강의 패권주의였다. 안중근은 일본의 팽창주의에 저항했지만, 일본을 포함한 아시아의 협력에는 반대하지 않았다. 안중근은 옥중에서 "중국, 일본, 조선 연합이 구미 침략에 맞서 싸워야 한다."라고 호소했고, 그는 ≪동양평화론≫을 집필했다. 안중근의 정신에는 아시아주의가 깔려 있다.

일본도 당시 '대아시아주의'가 나타났지만, 러일전쟁 이후 일본의 아시아주의는 일본이 주도하는 이웃 아시아 국가에 대한 확장으로 발전했다.

손쫑산은 서양의 횡포를 배제하고 동양의 왕도를 세우자는 의미의 '대아시아주의'를 내세운 적이 있다.

마지막으로 일본은 한국과 중국 양국을 완전히 실망시켰고, 일본도 중국과 조선 양국에 대해 완전히 실망했다. 처음에는 탈아입구(脫亞入歐)로, 나중에는 아시아를 침략했다. 일본의 부상(崛起)은 오래가지 못했고 아시아의 부상은 이루어지지 않았다. 그러나 안중근 정신은 일본에 대한 한국의 증오를 넘어섰고, 그의 이상은 아시아 협력과 평화였다.

III. 안중근 정신과 아시아의 독립

2014년 1월 19일, 중국은 하얼빈역에 안중근 기념관을 건립했다.

이 기념관에 대해서, 2014년 1월 20일 일본 관방장관 스가 요시히데(菅义伟)는 중국이 하얼빈에 '안중근 의사 기념관'을 설치한 것은 테러리스트에 대한 예찬이라고 말했다. 일본 정부가 안중근을 테러리스트로 간주하는 것은 현재의 일본이 과거의 잘못에 대해 진지하게 반성하지 않는다는 것을 보여준다. 일본의 공식입장을 보면, 일본에서는 한국의 애국 의사이자 아시아의 의사들이 여전히 테러리스트로 간주되고 있으며, 일본이 여전히 야스쿠니 신사에 있다는 것을 알 수 있다.

중국에서 이토 히로부미는 ≪시모노세키조약≫을 체결하도록 강요한 지도자이자, 한국을 통치할 뿐만 아니라 중국에 대해서도 침략 정책을 펴는 확장주의자였다. 그리고 안중근은 애국적인 영웅이다.

현재 동아시아의 세 나라는 여전히 서로 모순된 상태에 있고, 미국은 여전히 한국과 일본에 영향을 미치고 있다. 미국은 한국과 일본이 영원히 분열되어 영원히 단결되지 않기를 희망하고 있다. 이렇게 하면 미국은 동아시아를, 나아가서 아시아를 지배할 수 있다.

그러나 아시아가 하루라도 협력하지 않고 독립하지 않으면 평화는 없다. 미국은 현대의 '서양'이며 '신열강'이다. 아시아의 중·일·한 삼국은 사실 여전히 '신열강'의 통제하에 있다.

역사의 교훈은 다음과 같다. 독립의식이 없으면 모든 아시아 국가가 진정한 독립을 얻을 수 없으며, 진정한 독립 없이는 영원히 통제된다. 그래서 이제는 안중근의 영웅정신 뿐만 아니라 아시아주의 사상을 계승해야 한다. 안중근은 한·중·일 협력에 반대하지 않는다. 그는 동양의 평화를 주장한다. 안중근을 기리는 것은, 동아시아 국가들 사이의 증오를 이어가는 것이 아니라 동아시아의 평화를 만드는 것이다.

纪念安重根,重建东亚和平[56]

安重根的名字源于中国儒学中的《呻吟语》,原文是:"安重深沉是第一美质.定天下之大难者,此人也."安定、稳重、深沉是最好的品格,这是安定天下大难的人,这是分辨天下大问题的人.

安重根出生于1879年,这一年是日本吞并琉球的一年,是日本对外扩张的开始.这时日本明治维新刚刚十年,本来明治维新时为了救国图强,明治时代的日本人也提出过亚洲主义,但是很快就开始侵略亚洲,最后走向了失败.日本的教训是:没有亚洲崛起,日本的崛起也不会长久;没有亚洲的和平,也就没有日本的和平.安重根对日本的抗争,也是对霸权主义的抗争.安重根有一个亚洲和平的梦.

Ⅰ. 安重根的精神影响了中国

安重根在哈尔滨火车站刺杀了伊藤博文,这是他为的英雄行为,也是韩国·朝鲜人对日本扩张主义的反抗,也是亚洲被压迫民族对列强的反抗.

---

[56] 廉德瑰(上海外国语大学教授)

安重根的英雄壮举在中国引起巨大震动,安重根义士殉国后,他以自己的牺牲和英雄精神唤起了亚洲人民的觉醒.

周恩来说:中日甲午战争后,中朝人民反对日本帝国主义侵略斗争是从安重根刺杀伊藤博文开始的.年轻时代的周恩来在天津参加过话剧≪安重根≫,

邓颖超曾经说:"我和周恩来曾演过歌颂朝鲜英雄刺杀日本伊藤博文的话剧≪安重根≫."邓颖超在这个话剧中女扮男装,饰演了义士安重根.

孙中山为他题词

:"功盖三韩名万国,生无百岁死千秋,弱国罪人强国相,纵然易地伊藤侯";

章太炎赞扬安重根是:"亚洲第一义侠";

梁启超作诗:≪秋风断藤曲≫,赞颂道

:"黄沙卷地风怒号,黑龙江外雪如刀,流血五步大事毕,狂笑一声山月高."

Ⅱ. 安重根的精神影响了亚洲:

安重根反抗的不仅是日本,也是列强的霸权主义.安重根虽然反抗日本的扩张主义,但是并不反对包括日本在内的亚洲合作.

安重根在狱中呼吁."中日朝联合抵抗欧美侵略,他还打算撰写≪东洋和平论≫.安重根的精神里包含了亚洲主义.

日本当时也出现过"大亚洲主义",但是日俄战争之后,日本的亚洲主义演变成一日本为主导的对亚洲邻国的扩张.

孙中山提出过"大亚洲主义",他的意思是,排除西洋的霸道,建立东洋的王道.

最后日本让中韩两国彻底失望,日本也对中朝两国彻底失望,先是脱亚入欧,后来是,侵略亚洲.日本的崛起没有持久,亚洲的崛起也没有实现.但是安重根的精神超过了韩国对日本的仇恨,他的理想是实现亚洲合作与和平.

Ⅲ. 安重根的精神与亚洲的独立:

2014年1月19日,中国在哈尔滨火车站建立了安重根纪念馆.

对于这个纪念馆,2014年1月20日,日本官房长官菅义伟说:中国在哈尔滨设立"安重根义士纪念馆"是对恐怖分子的礼赞,日本官方把安重根看作恐怖分子,说明现在的日本对于过去的错误没有认真反省.从日本的这个官方表态可以看出,在日本,韩国的,也是亚洲的爱国义士仍然被看作是恐怖分子,他们还在靖国神社.

在中国,伊藤博文是迫使中国签订《马关条约》的领导人,也是一个扩张主义者,他不仅统治韩国,也对中国推行侵略政策.而安重根则是爱国的英雄.

现在,东亚的三个国家仍然处于互相矛盾状态,美国仍然对日韩两国施加影响,美国希望中日韩永远分裂下去,永远不团结.这样,美国就可以控制东亚,进而控制亚洲.

但是,如果亚洲一天不合作、不独立,就一天没有和平.美国是现代的

"西洋",是"新列强",亚洲的中日韩三国其实仍然处于"新列强"的控制治下.

历史的教训是：亚洲如果没有独立意识,每一个亚洲国家都不能获得真正的独立,没有真正的而独立就永远受制于人.所以,现在不仅要弘扬安重根的英雄精神,而且也要继承的的亚洲主义思想.安重根不反对中日韩合作,他主张东洋的和平,纪念安重根并不是延续东亚国家之间的仇恨,而是要建立东亚的和平.

제8장
문화교류를 통한 한·중 협력방안 촉진[57]
- 하얼빈 안중근의사기념관 사례 -

I. 하얼빈의 문화 자원

하얼빈은 동방의 작은 파리, 동방의 모스크바라고 불린다. 하얼빈은 중국 '빙성'의 대표로서 빙설대세계는 전 세계 각지에서 온 관광객을 끌어들이는 중요한 관광지가 되었다. 하지만 하얼빈에서는 안중근의사기념관이 한국 문화의 정점으로 꼽힌다.

---

[57] 캉웨화(康月华) 前 하얼빈안중근의사기념관 관장, 이 글은 저자가 2024년 6월 29일, 상하이 외국어 대학과 안중근의사찾기 한·중민간상설위원회가 함께한 세미나에서 발표한 원고를 확대 보완한 것이다.

II. 안중근의사기념관, 한·중우호의 상징

안중근의사기념관이 2006년 7월 1일 하얼빈시 조선민족예술관에서 성대하게 개막되었다.

2014년 1월 19일, 안중근의사기념관이 하얼빈 기차역 옆에서 정식으로 개관되었다. 이후 하얼빈역 재건 공사로 하얼빈시 조선민족예술관으로 잠시 이전한 후 2019년 3월 30일 하얼빈역 남광장에 재개관했다. 입관 맞이에는 안중근 의사의 전신동상이 있다. 이 동상은 한·중 교류를 구현할 뿐만 아니라 안중근 의사의 일생의 야망과 기개를 상징한다.

III. 안중근의사기념관을 통해 문화교류 촉진

안중근의사기념관 방문을 통해 한국 방문객들은 다양한 형태의 심도 있는 소통과 교류를 진행했다.

학문적 교류

오페라 '안중근'은 1992년 3월 하얼빈에서 상연되었다. 공연 개연 식전에 특별히 안중근 의사 업적 세미나가 열렸다. 또한 1996년 10월, 2009년 10월 21일, 2009년 10월 26일 안중근 의사에 관한 연구 토론회 및 학술 교류회가 여러 차례 열렸다.

문화 교류

(1) 노래 작품

1992년 3월, 하얼빈시 문화국 국장 왕훙빈이 창작하고 하얼빈 오페라극장이 공연에 참여한 대형 오페라 '안중근'이 하얼빈에서 공연되었는데, 공연 후 이 연극은 국내외 관객들의 열렬한 환영을 받았다.
노래는 왕훙빈 작사, 유진구 작곡의 '북두칠성', 국가1급 작곡가 이승권의 작사 작곡의 '만고장청(길이 빛나리라)', 김종운의 시를 가사로 각색하고 이춘광의 작곡의 '빛나는 안중근'과 하홍의 작사, 왕복림의 '안중근 의사가 우리를 향해 오다' 등이 있다.

(2) 미술작품

미술작품으로는 헤이룽장대학 화가 권우송 교수가 만든 국화 '안중근이 이토 히로부미 사살'과 장해동이 만든 '안중근이 하얼빈에서 온 11일'이 있다.
화보집은 국가 일급 미술가 남영이 그린 만화 '안중근 이토 히로부미 사살'이 있다.

(3) 영상작품

영상작품에는 안중근 의사 하얼빈 순국 100주년을 맞이하여 하얼빈시 인민정부 외사교무사무실이 2009년 10월에 제작한 DVD 작품 '영원한 기념'이 있다.

또 2007년 청주예총, 청주미술협회와의 교류를 통해 안중근 의사의 손가락이 끊어진 조각작품 '거룩한 손'과 안중근 관련 서예 작품 30여 점을 성공적으로 전시했다.

Ⅳ. 한·중 문화교류 강화의 시금석

한·중 양국은 안중근 의사에 관한 학술 연구와 기념행사를 지속적으로 진행하고 있다.

通过文化交流促进中韩合作方案[58]
－以哈尔滨安重根义士纪念馆为例－

Ⅰ. 哈尔滨的文化资源

哈尔滨有素有东方小巴黎、东方莫斯科之称。哈尔滨作为中国冰城的代表,冰雪大世界成为了吸引来自全球各地的游客的重要旅游景点。但在哈尔滨,安重根义士纪念馆被作为韩国文化的顶峰。

Ⅱ. 安重根义士纪念馆是中韩友好的象征

安重根义士纪念馆于2006年7月1日,在哈尔滨市朝鲜民族艺术馆隆重开幕。

2014年1月19日, 安重根义士纪念馆在哈尔滨火车站旁正式开馆。后因哈尔滨站重建工程,暂时搬迁至哈尔滨市朝鲜民族艺术馆后,于2019年3月30日,在哈尔滨站南广场重新开馆。入馆迎面是安重根义士的全身铜像。此铜像不仅体现了中韩交流,还象征着安重根义士一生的雄心与

---

58 康月华(前哈尔滨安重根义士纪念馆 館長)

气概。

III. 通过安重根义士纪念馆促进文化交流

通过访问安重根义士纪念馆，韩国访客们开展了多种形式的深度沟通及交流。

第一, 学术交流。

歌剧《安重根》于1992年3月， 在哈尔滨上演。在本场演出开演的前夕，特别举行了安重根义士业绩研讨会。此外，于1996年10月、2009年10月21日、2009年10月26日，多次举行了有关安重根义士的研究讨论会及学术交流会。

文化交流

(1) 歌曲作品

1992年3月, 由哈尔滨市文化局局长王洪彬创作, 哈尔滨歌剧院参与演出的大型歌剧《安重根》在哈尔滨上演, 演出后该剧受到了国内外观众热烈的欢迎。

歌曲有王洪彬作词， 刘振球作曲的《北斗七星》、国家一级作曲家李胜权作词作曲的《万古长青(길이 빛나리라)》、将金钟云的诗改编为歌词， 并由李春光作曲的《闪耀的安重根》及夏红作词、王福林作曲的

《安重根义士向我们走来》等。

(2) 美术作品

美术作品有黑龙江大学画家权伍松教授所创作的国画《安重根击毙伊藤博文》及画家张海东创作的《安重根在哈尔滨的11天》。

画册有国家一级美术家南荣绘制的连环画《安重根击毙伊藤博文》。

(3) 影像作品

影像作品有为迎接安重根义士哈尔滨就义100周年,由哈尔滨市人民政府外事教务办公室于2009年10月制作的DVD作品《永远的纪念》。

此外,2007年通过与韩国清州艺总、清州美术协会的交流,成功展出了形象刻画安重根义士断指的雕塑作品《圣洁的手(거룩한 손)》和30余件安重根相关书法作品。

Ⅳ. 加强中韩文化交流的试金石

中韩两国在持续开展有关安重根义士的学术研究和纪念活动。

제9장
안중근 애국정신의 현대적 계시와 의의[59]

안중근 의사는 한반도 근대사의 항일지사이자 한국인에게 민족 영웅으로 여겨지는 인물이다. 이토 히로부미를 주살하고 독립운동에 헌신한 그의 용기는 20세기 초 센세이션을 일으켰고, 그의 용기는 널리 기념되며 후대에 영감을 주고 있다. 오늘날 우리가 그 시기의 역사를 다시 돌아봄으로써 얻는 것은 현대사의 굴곡에 대한 지식뿐만 아니라 미래와 희망을 기대하는 실질적인 의미도 있다.

역사를 공부하면 일본과 다른 열강들의 침략적인 행동을 더 명확하게 파악할 수 있다. 1894년 발발한 청일전쟁은 중국을 식민지 및 반봉건 사회의 심연으로 더욱 몰아넣었다. 청일전쟁 이후 일본은 중국과 시모노세키 조약을 체결했는데, 이는 중국 현대사의 큰 전환점이 되었다. 이 시기의 역사를 깊이 있게 탐구함으로써 미래 세대는 일본이 단

---

[59] 팡슈위(方秀玉) 푸단대학 교수, 이 글은 저자가 2024년 6월 29일, 상하이 외국어 대학과 안중근의사찾기 한·중민간상설위원회가 함께한 세미나에서 발표한 원고를 확대 보완한 것이다.

계적으로 침략을 확대한 잔인한 수단과 광란의 살인을 더 명확하게 이해할 수 있을 것이다. 뤼순 감옥은 그 암울한 시대의 특별한 기억의 상징이며, 뤼순 감옥의 옛터는 중국과 한반도 민족의 영웅적인 저항과 당시 열강에 대한 투쟁의 살아있는 역사책이다.

청일전쟁 이후 일본은 한반도 병합 속도를 가속화하여 한반도는 단계적으로 일본의 식민지로 완전히 전락했다. 일본의 침략에 한반도 국민들은 강한 불만을 품었고, 국민들은 반일 민족 구국 운동을 시작했습니다. 이러한 항일 민족 구국 운동은 안중근에게도 깊은 영향을 미쳤다.

안중근은 초기에 중국에서 여러 차례 혁명운동을 하려했지만 매번 소용이 없었다고 한다. 이에 귀국해 학교를 운영하며 교육과 애국문화 계몽운동을 펼치기로 결심했고, 일제가 한반도의 군사권과 입법권을 빼앗자 안중근은 펜을 버리고 중국 동북지역과 러시아 극동지역으로 건너가 항일 의병운동을 기획하며 외세 침략에 대한 저항을 적극적으로 준비했다.

역사에 따르면 당시 안중근 의사는 러시아 블라디보스토크에서 손가락을 끊는 단지동맹을 하시고 왼손의 작은 관절을 자신의 손으로 잘라 대한민국 국기의 원형인 태극기를 그리고 '대한독립'이라는 네 글자를 자신의 피로 열렬히 적었다고 한다. 이는 또 다른 차원에서 안 의사의 외침에 맞서 싸우겠다는 의지를 반영하는 것이다. 아울러 안 의사의 투쟁의 순수성과 평화에 대한 사랑을 구현한 것이다. 동시에 안 의사와 그의 동지들은 일본의 심장을 쏘아 일본의 오만함을 꺾기 위해 이토 히로부미 주살을 계획했다. 그러나 여러 가지 복잡한 이유로 인해 이토 히로부미 주살을 실행에 옮기는 것은 쉽지 않았다. 안중근 의사가 주살 계획을 세우지 못해 고민하고 있을 때 좋은 기회가 찾아왔다. 이토 히로부미가 하얼빈에서 러시아 대사를 만난다는 소식을 접한 것이다. 그래서 그는 이토 히로부미를 주살하기 위해 하얼빈에 도착하기로 결심했다.

1909년 10월 26일, 안중근은 하얼빈 기차역에서 전 일본 총리이자 초대 조선통감(총사령관)이었던 이토 히로부미를 살해했다. 안중근은 이토 히로부미 주살 후 현장에서 체포되었다. 체포된 후 안 의사는 법정에서 이토 히로부미의 15가지 범죄를 고발했고, 6개월간의 재판 끝에 이듬해 3월 26일 뤼순 감옥에서 일본 점령 당국에 의해 비밀리에 처형당했다. 안중근은 서른한 살의 젊은 나이에 세상을 떠났다.

그의 죽음 이후 각계각층의 중국 유명 인사들이 그를 기리기 위해 비문을 남겼다. 오늘날 안 의사의 기념관과 기념비는 한국, 중국, 러시아, 심지어 일본에도 있다. 중국에는 뤼순, 하얼빈 등 여러 곳에 안중근 기념관이 있다.

안중근은 일본의 침략 행위를 증오했지만, 그의 생각은 매우 분명했으며, "평화가 가장 가치 있다."라는 유교 사상을 유지하고 중국, 일본, 한국 간의 협력 개념을 유지했다는 점에 주목할 가치가 있다. 그는 뤼순 감옥에 구금된 144일 동안 자서전인 ≪안응칠 역사≫와 ≪동양평화론≫의 서문과 전감을 썼다. 중국, 일본, 한국의 공동 번영과 동아시아 평화 공동체의 미래에 대한 그의 비전은 국경을 초월하여 더 큰 지역적 그림의 맥락에서 생각되었다. 이는 미래 세대를 위한 동아시아 평화에 대한 희망의 유산을 남겼다. 안중근 의사의 의로운 행적 외에도 아직 알려지지 않은 면이 많으며, 이는 앞으로도 역사학자들이 계속 탐구해야 할 주제이다.

역사는 거울이며, 안 의사와 같은 역사적 영웅의 행적과 지역 평화 사상을 검토하는 것은 미래 세대가 유용한 통찰력을 얻는 데 도움이 될 수 있다.

역사와 현실의 관점에서 한·중 관계를 분석하다 보면 절박함을 느끼게 된다. 1992년 8월 수교 이후 중국과 한국의 관계는 급속도로 발전해 왔고, 양국 간 우호 협력도 다양한 분야에서 비교적 빠른 발전을 이루었다. 그러나 수교 이래의 역사에서 양국 관계가 순탄치만은 않았다는 사실은 어렵지 않게 찾아볼 수 있다. 한·중 관계는 과거와 현재 모두 많은 도전에 직면해 있으며 영토관, 전통문화 의식 등 여러 측면에서 우여곡절이 있었고, 한·중 관계의 미래에는 여전히 기회와 도전이 공존하고 있다. 양국 정부와 국민이 함께 다양한 수단을 통해 갈등과 차이를 해소하고 전략적 협력동반자 관계의 방향으로 협력을 지속적으로 추진하며 새로운 시대에 더욱 유리한 평화 환경과 발전 조건을 조성하는 것이 필요하다.

安重根的爱国精神的现代启示及意义[60]

安重根是朝鲜半岛近代历史上的抗日志士，是被韩国人视为民族英雄的人物。他刺杀伊藤博文和为独立运动献身的行为在20世纪初曾引起轰动，他的英勇行为被广泛纪念，也激励着后人。如今，我们重温那段历史获取的不仅仅是一份跌宕起伏的近代史知识，它同时也具有展望未来与希望的现实意义。

研究历史，使我们更清晰地掌握日本与其他列强的侵略行径。……1894年爆发的甲午战争，使中国进一步陷入了殖民地半封建社会的深渊。日本在甲午战争后与中国签订了《马关条约》，这是中国近代史的一个大转折。深入探讨这段历史，后人更清楚地认识到日本以怎样的残酷手段和疯狂杀戮中一步一步扩展它的侵略行径。旅顺监狱是那个黑暗时代特殊的记忆符号，旅顺监狱的旧址是中国与朝鲜半岛民族与当时的列强英勇反抗和斗争的一本活生生的史书。

……甲午战争后日本加快了吞并朝鲜半岛的步伐，使朝鲜半岛一步一步地彻底沦为日本殖民地。日本的侵略行为引起了朝鲜半岛人民的强烈不满，民间纷纷发起了抗日救国运动。而这些抗日救国行为深深地影响

60　方秀玉(复旦大学)

了安重根。

据悉,安重根早年在中国多次组织过革命运动,但每次都是无功而返。所以,他决定回国兴办教育,通过办学开展爱国文化启蒙运动,但日本没收朝鲜半岛的军事权及立法权后,安重根弃笔从戎,到中国东北和俄罗斯远东地区投射反日义兵运动,积极为抗击外国侵略做准备。

历史资料显示,当时安重根在俄国海参崴成立断指同盟,亲手剁下自己左手的小关节,画出韩国国旗——太极旗的雏形,并慷慨激昂地将自己的热血写下:"大韩独立"四个大字(这在另一个层次上体现出安重根斗争的纯洁性和对和平的热爱)。与此同时,安重根与同盟们一起计划刺杀伊藤博文的行动,试图以此一枪射中日本的心脏,打消日本的嚣张气焰。但由于种种复杂原因轰轰烈烈地开展刺杀伊藤博文的行动并非容易之事。正当安重根为了刺杀计划一筹莫展时,发现了良机。他获取了伊藤博文将在哈尔滨会晤俄国大使的消息。于是,他决定当日抵达哈尔滨刺杀伊藤博文。

1909年10月26日,安重根在哈尔滨火车站击毙日本前首相、枢密院议长、首任"韩国统监"(或称"总监")伊藤博文。伊藤博文被行刺后安重根在现场被捕。被捕后的安重根在法庭上痛斥伊藤博文15条罪状,经过长达半年的审讯后于次年3月26日在旅顺监狱被日本占领当局秘密处死。安重根年仅三十一岁的青春年华就离开了人世。

安重根殉国后,中国各界名人纷纷为他题词。如今安重根的纪念馆、纪念碑遍及朝鲜、韩国、中国、俄罗斯,甚至日本。在中国旅顺、哈尔滨等地均有不同形式的安重根纪念场所。

值得关注的是,安重根虽然痛恨日本的侵略行径,但他的思路是很清晰的，他仍保持着儒家的"以和为贵"的思想，曾保持着中日韩合作之构想。他在旅顺监狱关押的144天内，写下了个人自传≪安应七历史≫和≪东洋和平论≫的前鉴部分。他当时提出的中日韩共同繁荣和对东亚和平共同体的未来构想已经超越了国境，从区域大格局中思考过问题。这为后人留下了希望东亚和平的遗愿。除了义举，安重根义士仍有许多不为人知的地方，这也成为历史学家们今后继续发掘的课题。

历史是一面镜子，回顾安重根等历史英雄们的事迹和区域和平思想，可以帮助后人获取有益的启示。

从历史和现实的角度分析中韩关系，让我们意识到一种紧迫感。虽然自1992年8月建立外交关系以来，中韩两国关系迅速发展，两国友好合作也在各个领域取得了较快的发展。但建交之后的这段历史中我们也不难发现两国关系并非一帆风顺的事实。中韩关系不仅是过去还是现在仍面临着诸多挑战，在领土观、传统文化仪式等诸多方面也出现过不少波折，未来的中韩关系机遇与挑战仍然并存。这就需要两国政府和民间通过多种手段共同努力化解矛盾和分歧，沿着战略合作伙伴关系这一方向持续推进合作，并为新时代创造更加有利的和平环境和发展的条件。

双方通过研讨会深入交流的意义也在于此。

제2부

/

유해

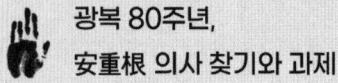

광복 80주년, 安重根 의사 찾기와 과제

제10장
안중근 의사 유해 발굴 현황 및 과제[1]

Ⅰ. 안중근 의사 유해 발굴 경위

1905년 일제가 무력으로 을사늑약을 체결하고 국권을 침탈하자 안중근 의사는 나라를 구해야겠다는 일념으로 항일투쟁을 전개하던 중 1909년 10월 26일 만주 하얼빈에서 대한제국 침략의 원흉이자 동양평화의 교란자 이토 히로부미를 사살함으로써 일본의 야욕을 만천하에 알렸다. 안중근 의사는 현장에서 체포되어 1910년 2월 14일 뤼순 지방법원에서 사형을 선고받았다. 안 의사는 뤼순 감옥에서 자신의 떳떳한 행적을 밝히는 자서전 ≪안응칠 역사≫를 저술하였으며 의거의 뜻을 밝히는 ≪동양평화론≫을 저술하다가 미완인 채 1910년 3월 26일 오전 10시에 사형이 집행되어 순국하였고 정부는 고인의 공훈을 기리어 1962년에 건국훈장 대한민국장을 추서하였다.

---

[1] 임성현 前 국가보훈처 부산지방보훈청장, 이 글은 저자가 2023년 11월, 서울 안중근의사 찾기 한·중민간상설위원회 세미나에서 발표한 원고를 확대 보완한 것이다.

안중근 의사는 처형 한 시간 전 두 아우(정근, 공근)와 마지막 면회에서 "유해는 고국에 못 돌아가고 감옥 묘지에 묻히게 될 것이다. 만약 유족의 손에 건네지면 하얼빈 공원 인근에 묻었다가 고국에 반장하라."라고 유언[2]을 했다. 그런데 안중근 의사 유해는 순국 후 가족에게 인도되지 않고 어머님이 마련해 준 한복 수의를 입은 채 성당에서 마련한 십자가와 함께 가로로 된 송판의 침관(枕棺)에 담겨 뤼순 감옥서 뒷산에 매장된 것으로 알려졌다. 정부에서는 안중근 의사 유언에 따라 유해봉환[3] 노력을 하고 있으나 안타깝게도 조국이 광복된 지 80년이 지난 지금까지 유해를 찾지 못하고 있다.

　1945년 11월 23일 환국한 대한민국 임시정부 김구 주석은 다음 해인 1946년 7월 20일 이봉창, 윤봉길, 백정기 의사의 유해를 서울 효창공원에 모셨고 국제정세의 제약 등으로 모시지 못한 안중근 의사의 가묘를 조성하여 유해봉환의 의지를 남겼고, 1948년 4월 19일 남북연석회의 참가한 김구 선생은 김일성, 김두봉, 김규식 등이 참석한 이른바 '4김 회담'에서 안중근 의사 유해봉환 문제를 논의하였으나 뤼순 지역이 소련 계엄하에 있기 때문에 어렵다는 김일성의 입장에 따라 무산되었고 그 후 한국전쟁 발발 및 중국과의 단교로 인하여 유해 발굴은 수십 년간 성사되지 못하였다.

---

[2] 안중근 의사 동생들이 배포한 엽서 및 관련 논문에 기재된 유언 내용은 일부 상이한 바 있으나 전반적인 내용은 향후 고국으로 안장을 원하는 내용으로 기술되고 있다.
[3] 국외안장 독립유공자 유해봉환은 1946년 3의사(윤봉길, 이봉창, 백정기)의 유해를 일본에서 봉환한 것을 시작으로 하여 민간차원에서 진행되어 오다가 1975년부터 국가보훈부에서 그 업무를 수행하고 있으며 2023년 10월 현재 독립유공자 147분의 유해를 봉환하였다.

1986년 12월 국가보훈처는 외무부에 중국 정부와 안중근 의사 유해 매장지 확인을 위한 조사를 할 수 있도록 요청하였으나 한·중 미수교로 외교 교섭이 불가능하므로 민간 기구 또는 연고자 위주로 추진하고 향후 외교관계 변화 추이를 보아 진행되어야 한다는 외무부의 입장에 따라 안중근 의사 유해 발굴은 진척 없이 기념관 건립 등 추모사업 위주로 공훈 선양사업을 추진하였다.

1992년 8월 24일 역사적인 한·중 수교가 이루어짐에 따라 안중근 의사 유해 발굴의 새로운 장이 마련되었다. 1993년 7월 외무부는 "안중근 의사의 묘소 확인과 유해봉환이 추진된다면 진정한 과거청산의 미담이 될 것"이라는 메시지를 일본 측에 전달하였고, 이에 대해 일본정부는 적극적으로 과거 기록을 검토하고 묘소 확인 작업에 협조하겠다고 밝혔으나 그 후 "뤼순 감옥에서 사형집행 후 매장했다."라는 내용 외에 안장 장소 등에 관한 구체적인 자료는 없어 확인이 불가능하다고 통보하였다.

국가보훈처는 1992년 11월 안중근 의사 유해 발굴 실무추진단을 구성하여 현지 실태를 파악하는 등 자료 수집 활동을 강화하였고 2004년 5월 국가보훈처장이 중국 민정부를 방문하여 안중근 의사 유해 발굴에 협조하여 줄 것을 요청한 결과 중국 정부는 유해 매장 단서를 찾지 못하였으며, 안 의사 유해 발굴은 남북한 관심 사항으로 양측에서 공동 추신 시 협조하겠다는 입장을 전달받았다.

2005년 6월 제15차 남북장관급회담에서 안중근 의사 유해 발굴을 남북공동으로 추진하기로 합의하고 개성에서 3차례의 실무접촉을 거쳐 안중근 의사 유해 위치 확인을 위한 남북공동조사(2006.6.7.~11)를 중국 뤼순에서 실시하였고 2006년 11월 2차 공동조사단을 파견하기로 하였으나 북핵 실험 문제 등으로 중단되었다가 2007년 4월 10일 개성의 4차 실무회의에서 공동발굴단을 파견하기로 합의하고 중국 정부에 협조를 요청하였으나 중국 정부는 유관부서의 의견수렴 중이라고 회신하였다.

2006년 6월 남북이 공동으로 조사한 결과 가장 신빙성이 높은 위안바오산(元寶山) 일대에 대한 묘역 확인과 유해의 존재 여부를 확인하고자 중국 측에 현장보존을 요청하였으나 중국 정부의 소극적인 태도로 지연되어 오다가 2007년 10월부터 진행된 아파트 신축 터파기 공사로 인하여 안 의사 유해 매장지 일부가 훼손되었다는 언론보도로 조속한 유해 발굴의 필요성이 제기되었다.

II. 2006년 남북공동 조사단의 유해 매장 지역 추정

그동안 현지인 및 관계자들의 증언에 따르면 안중근 의사의 유해가 매장되었을 가능성이 있다고 주장하는 곳은 다음과 같이 4개 지역이었다.

제1지역은 안중근 의사 순직 당시 뤼순감옥소장의 딸이 보관하였던 사진 자료에 근거해 최서면 국제한국연구원장이 주장한「뤼순감옥 뒷산」(위안바오산(元寶山)) 지역이었다.

제2지역은 김파(유동하 누이동생의 아들)가 증언한 곳으로「뤼순감옥 공동묘지」에 열사묘역과 일반 잡범묘역으로 구분되어 있었고 안중근 의사 묘소는 열사묘역에 안장되었다고 진술하는 곳이었다.

제3지역은 유종호가 증언한 곳으로 뤼순 203고지에서 싱푸(星浦)로 가는 삼거리 전에 있는「뤼순감옥 공동묘지」에 안중근 의사 묘소가 있었으며, 1931~34년까지 다롄에서 택시업을 하면서 4번에 걸쳐 현장에 갔었다고 주장하는 지역이었다.

제4지역은 신현만이 증언한 곳으로 뤼순 감옥 정문에서 서쪽으로 약 800m 지점 8부 능선상의 안중근 의사 묘소에 1943~45년까지 3차례 참배한 적이 있다는 것이었다.

2006년 6월 남북공동조사단 23명(남한 15명, 북한 8명)은 6월 7일부터 11일까지 뤼순감옥 관계자의 안내로 위의 현장을 직접 확인하였다. 조사단은 매일 2회 이상 남북 공동회의를 개최하여 조사장소를 결정하고 중국 측의 공식협조를 받아 육안 확인, 사진촬영, 지표조사 및 관계자 증언 청취 후 토의를 거쳐 결론을 짓는 방식으로 진행하였으며, 조사방법은 2005년까지 제시된 사진자료와 뤼순 일대 지도, 형무소 부근 평면도 등의 자료, 사형집행보고서 및 증언자의 증언을 바탕으로 하였다.

안중근 의사 유해가 매장되었을 가능성이 있다고 주장하는 위의 4곳 중 3곳(제2, 3, 4 지역)은 증언자의 증언에 따라 위치가 약간 다를 뿐 동일한 위치로 추정되었다. 이 지역은 중국 랴오닝성 다롄시 문물관리위원회가「여순감옥구지묘지(旅順監獄舊址墓地)」로 지정·관리하고 있으며, 북한은 1986년 여름 안중근 의사 유해발굴단을 파견하여 동 지역을 답사한 결과 감옥 공동묘지터는 고구마밭으로 개간된 상태였다.

뤼순감옥의 수감자들은 사형당한 후 일단 감옥묘지에 매장 후 시체가 썩은 다음 뼈를 다른 곳에 버렸다는 뤼순감옥 관계자(당시 저우샹링(周祥令) 관장)의 증언 청취 후 철수하였다는 북한측 조사단의 발언이 있었고 동 추정 지역들은 뤼순감옥과 2km의 거리에 위치하고 있어 안중근 의사 순국 당시 유족에게 시신 인도를 거절한 뤼순감옥 측의 사실상 통제가 어려운 지역이고 감옥소 통제 관련 시설물이 전무한 것으로 보아 유해를 매장한 가능성이 없는 것으로 보았다.

따라서 남북공동조사단은 위의 4개 추정 지역을 조사한 결과 제2~제4지역은 거증자료가 없고 현지 증언자의 구술에 의한 주장으로 유해 매장 가능성이 희박한 것으로 결론을 내리고 이마이 후사코의 증언[4]과 그녀가 제공한 감옥묘지와 안 의사 묘지를 표시한 두 장의 사진[5] 및 안중근 의사 사형집행보고서[6]와 중국 측 관련 출판물 등의 내용을 종합해 안중근 의사 유해 매장지는 감옥소 뒤편 위안바오산(元寶山) 하단지역(제1지역)을 가장 유력한 장소로 추정하고 이 지역 일대 25,000㎡에 대한 보존과 시굴 조사가 필요하다는데 남북공동조사단은 의견을 같이하였다.

---

[4] 이마이 후사코는 안중근 의사 순국 당시 형무소장인 구리하라 테이키지의 셋째 딸로 안 의사 관이 감옥 뒷문을 통해 운구되는 것을 목격하였다고 증언하였다.
[5] 사진중 한장은 1906년경에 촬영된 것으로 보이는 '뒷산 묘지에서 본 감옥서 전경'이라는 설명이 있고, 다른 사진은 감옥에서 사망자를 위한 천도제(추조회)를 마친 후 찍은 것으로 1911년이라는 표시와 안 의사 묘를 가리키는 화살표가 표시되어 있었다.
[6] 사형보고서에 따르면 안 의사는 오전 10시에 사형이 집행되어 오후 1시에 매장을 끝내고 감옥서로 돌아온 때가 오후 1시로 기술하고 있다. 이 보고서 내용을 분석한 결과 안 의사는 감옥에서 왕복 40~60분 내외의 거리에 묻혔을 것으로 추정된다.

Ⅲ. 2008년 유해매장 추정지 발굴 및 성과

2008년 3월 한국 정부는 남북공동으로 유해 발굴 조사단을 구성하여 현장조사 및 유해를 발굴하자는 대북 제의 전화통지문을 전달한 결과 북측으로부터 남한 단독 조사도 무방하다는 회신을 받고 한·중공동으로 유해 발굴을 추진하게 되었다.

이에 한국 정부는 북측을 제외한 "안중근 의사 한·중 유해발굴단"을 구성하고 중국 정부에 보존을 요청한 지역 중 남아 있는 일부 지역에 대하여 긴급하게 발굴을 실시하기로 하였다. 발굴조사는 당초 3차에 걸쳐 이루어질 예정이었으나 2차로 발굴조사를 종료하였다.

1차 조사는 발굴전문가 8명 등 13명으로 조사단을 구성하여 2008년 3월 25일부터 4월 2일까지 9일간 실시하였는데 2006년 조사 결과를 바탕으로 예비조사의 성격을 띠고 이루어졌으며, 중국 측과 업무협의, 현장사무실 설치, 발굴조사 장비 및 인력 확보, 발굴 대상 지역 현황 파악, 조사범위와 탐색 구역 설정 및 조사, 기록관리를 위한 촬영 등에 중점을 두고 조사를 진행하였다.

2차 발굴은 충북대학교 유해발굴조사팀 6명, 한국지질자원연구원 4명 등으로 구성하여 2008년 4월 10일부터 4월 29일까지 20일간 실시하였고, 1차 발굴조사자료를 기초로 발굴대상 지역에 대한 제토작업으로 안중근 의사 유해매상 묘역과 유해 흔적을 확인하는 데 중점을 두고 정밀조사장비인 3차원 전기저항 탐사기, 3차원 GPR탐사기, 고정밀 자력탐사장비 등을 조사에 활용하였다.

조사지역은 일아감옥구지(日俄監獄舊址) 뒷산 해발 90m 위안바오산(元寶山)의 능선 남동사면부 하단부에 해당되는 지역이었는데 조사지역 중 3.5~5부 능선부에 속하는 남사면 대부분이 발굴조사 전에 이미 아파트 조성부지 공사로 인하여 최소 3m, 최대 12m의 높이가 삭토되어 평탄작업이 거의 완료된 상태였다. 따라서 조사지역은 공사가 진행되지 않은 능선 말단부에 해당하는 3.5부 능선 가까이 자리하는 남서쪽 군부대 담장쪽(100×30m)과 남동쪽 골짜기 지역(70×30m)으로 전체 조사면적은 약 5,100㎡이다.

위안바오산(元寶山) 하단 3~3.5부 능선 남동쪽 골짜기 일대는 1910년대부터 30년대까지 감옥소 확장을 위한 벽돌원료 공급지로 이용되었으며, 중국 정부가 들어선 1949년 이후부터는 식량증산 운동과 문화혁명 당시 식량증산을 위한 토지 개간 등으로 위안바오산 정상까지 개간한 흔적이 확인되었다.

또한 일제 강점기 감옥소 확장(1916년, 1921년, 1923년)을 위한 벽돌 제작을 위해 적갈색 점토 채취와 폐기물 매립으로 심각한 지형변화가 이루어졌음을 확인할 수 있었다. 더욱이 산 남쪽 하단지역은 아파트 신축 기반 공사로 인한 삭토와 성토가 이루어져 지형변화가 심하게 이루어진 상태로 안중근 의사의 유해를 찾는 데 실패 하였다.

그러므로 안중근 의사 유해는 뤼순 감옥소를 증·개축하는 과정에서 다른 곳으로 이장되었는지 또는 제3의 장소에 안장되었는지 등에 대한 광범위한 문헌조사가 필요한 것으로 판단하였다.

Ⅳ. 2010년 이후 안중근 의사 유해발굴 노력

안중근 의사는 대일항쟁기 독립운동의 대표적 상징 인물로 유언을 받들어 유해를 조속히 봉환하는 것은 대한민국 국민의 기본적 도리이고 국가를 위해 희생하신 순국선열에 보답하는 길이며, 안 의사는 남북한이 모두 추앙하는 독립운동가로 공동 유해발굴 추진 및 선양활동은 남북한 이질성을 극복하는 데도 크게 도움이 될 것이다.

대한민국 정부는 안중근 의사 순국 100주년을 계기 효율적이고 체계적인 유해발굴을 위하여 민간합동 방식의 "안중근 의사유해발굴추진단"을 발족(2010. 4. 28.)하였는데 그 체계는 3개 위원회와 정부지원단으로 구성하였다. 「자문위원회」는 외교계 원로 및 독립운동 사료전문가, 유관단체 대표 등으로 구성하였고, 「자료위원회」는 역사학 교수, 독립운동사 연구전문가로 구성하여 자료발굴과 분석·검증을 실시하고, 「유해발굴단」은 고고학 전문가로 구성하였으며, 「정부지원단」은 외교부 등 관계부처 고위공무원으로 구성하여 자료수집 및 현지조사는 물론 유해발굴을 위한 외교적 노력을 병행하고 있으며, 전문자료 조사원을 채용하여 추진단 지원은 물론 체계적인 자료수집 활동을 전개하고 있다.

먼저 일본, 중국, 러시아 등에 소재하는 안중근 의사 유해매장 관련 자료수집 및 분석은 다음과 같은 방식으로 추진하고 있다. 일본지역 외무성 외교사료관, 국회도서관, 방위성 전사자료센터, 주요대학 도서관 등에 대하여 자료수집을 추진하고 있으나 주요 기록보존소의 폐가식7 운용으로 문서 보관 서고에 접근이 불가한 실정이다. 중국지역은 다롄시 당안관(정부기록보존소) 및 도서관 관계자 면담 조사를 추진하였으나 다롄시 당안관은 일제시기 문서는 없고 중국 정부 수립 이후 자료만 관리한다고 주장을 하며 안중근 의사와 직접적인 관련이 있다고 구체적인 근거를 제시하는 자료에 한하여 열람을 용인하겠다는 방침에 따라 실태 파악이 어려운 상태이다. 또한 러시아지역에 대한 자료조사는 제2차 세계대전 이후 소련국이 만주를 점령했던 6년간(1945~51년) 일제 통치기관들의 문서를 대량 노획했으며 안중근 의사 관련 자료 또한 러시아로 유출되었을 가능성이 크다는 최근의 주장[8]에 따라 러시아 및 한국근현대사 전문가 등으로 자료조사팀을 구성하여 현지 문서보관소와 각 연구소 등을 방문하여 자료조사를 실시하여 안중근 의사 관련 자료 소장지 파악 및 수집 방안을 현지 관계자 및 전문 연구자 등과 네트워크를 구축하고 있는 단계이다.

안중근 의사 유해발굴을 위한 외교적 노력으로는 3회에 걸쳐 한일 외교장관 회담시 외교사료관 등이 보관 중인 안중근 의사 관련 자료 제공을 요청하였으나 일본 측은 안중근 의사 묘지기록에 관하여 성실히 조사하고 있으나 아직 자료가 발견되지 않았으며, 계속해서 관련 자료를 조사하고 있다고 답변하고 있으나 일본 정부는 안중근 의사를 테러리스트로 규정하고 있어 매장 관련 자료 제공에 비협조적이다.

중국에도 총리 면담(2015.11.2.) 및 외교 장관 회담 등 다양한 경로를

---

7 자료는 서고 내에 수장되어 있고, 이용자는 카드목록 등에서 선택하여 열람표를 제출하면 자료를 제공하는 운영방식
8 독일과 소련 전쟁으로 노획한 독일군 주요 문서가 현재 러시아에 보관 중인 사례를 보아 다롄지역 문서 또한 러시아에 소장되었을 것으로 관련 학자들은 주장

통해 안중근 의사 유해 발굴 재 추진시 중국 정부의 적극적인 협조를 요청한 결과 유해 발굴과 관련하여 새로운 자료 확보 시 자료 제공의 사를 약속하고 있으나 유해 발굴 추진은 정확한 유해 매장지가 확인되지 않을 경우 불가하다는 입장이다.

또한 주한 러시아대사관을 통해 러시아 정부가 소장 중인 안중근 의사 관련 자료공개를 요청한 결과 향후 러시아 정부가 소장 중인 안중근 의사 유해발굴 관련 자료조사에 적극 협조하겠다고 언급하였으나 현재까지 추가로 구체적인 자료제공이나 업무지원 실적은 없는 상태이다.

V. 향후 유해발굴 추진 방향

외교부와 긴밀히 협의하여 한일 간 주요 회담에서 안중근 의사 관련 자료 요구 및 활발한 자료조사 보장 등이 공론화될 수 있도록 노력하고 중국 측에 대하여는 주요 당안관에 보관 중인 안중근 의사 관련 자료 공개도 지속적으로 요구하는 등 외교적 협상과 현지 전문가를 활용하는 등 다각적인 측면에서 접근이 필요하다.

한·중·일 안중근 의사 관련 학자 및 각종 단체들과 공조체계를 구축하여 중국과 일본 내 주요 기록 보존소가 보유하고 있는 사료의 현황을 파악하고 기록문화를 중시하는 일본인의 특성을 감안하여 안중근 의사 사형집행 관련자들의 일기 및 기록물 등이 존재할 가능성이 있는 안중근 의사 사형집행 관련자의 개인 기록물, 비망록 등의 소재지 파악을 위해 민간 연구자들과의 접촉을 강화해야 할 것이다.

그 실행 방안으로는 안중근 의사 관련 자료 소장이 예상되는 일본 외교사료관 및 국회도서관, 중국 다롄시 당안관 등에 대하여 집중적으로 조사를 실시하고 문서보관소 등에 대한 접근이 용이한 현지 향토사학자들과 긴밀한 협조로 안중근 의사 사형집행 관련자(뤼순고등법원장, 검찰관, 국선변호사, 통역관 등) 후손 면담을 통한 개인 소장 기록물 확보를 위해 노력해야 한다.

중국 다롄시 당안관 관계자는 안중근 의사 관련 자료는 소장하고 있지 않다고 하나 다롄시 당안관 홍보 자료에 의하면 1905~1945년 다롄헌병대, 관동주청, 경찰부 및 각 경찰서 간련 자료 29,567권을 소장하고 있다는 주장을 감안할 때 다롄시 당안관 및 동북3성(랴오닝성, 길림성, 흑룡강성) 주요 당안관의 조사를 재추진하고 보다 정확한 매장 추정지를 확인하기 위해 기존의 일본, 중국 외에 러시아지역까지 확대하여 관련국 문서보관소를 전수 조사하는 방안을 강구해야 한다.

아울러 그동안 유력한 유해 매장지로 추정된 지역들 중 일제 당시 한국인은 물론 중국 항일열사가 다수 매장된 곳으로 중국 정부에서 '감옥묘지'로 공식 확인하였고 뤼순감옥박물관 관계자 및 뤼순감옥 재직 의사(고가 하츠이치) 등 다수가 안중근 의사가 매장된 것으로 증언하는 「뤼순감옥공동묘지」에 대한 GPR(Ground Penetration Radar 지면투과레이더)[9] 조사 및 발굴이 현시점에서 가장 시급하고 우선적으로 추진해야 할 것으로 사료된다.

---

9 지표에 송·수신 안테나를 위치시키고 지하에서 반사된 전자기파를 수신 받아 기록된 데이터를 영상화하는 방법

그러나 중국 정부는 「뤼순감옥공동묘지」에 대한 유해발굴을 실시하기 위해서는 이곳이 '전국중점문물보호지역' 및 '군사보호지역'으로 지정되어 안중근 의사 유해가 매장되었다는 구체적인 단서를 제시할 것과 2008년도와 같이 북한측의 사전 동의가 필요하다고 주장을 하며 난색을 표시하고 있어 안중근 의사의 유해가 하루 빨리 국내로 봉환될 수 정부기관의 노력뿐만 아니라 민간차원에서의 다양한 접근이 필요하므로 「안중근의사찾기 한·중민간상설위원회」의 활동과 그 역할이 강화되어야 할 것이다.

〈안중근 의사 유해 매장 추정지〉

구 분	추정 근거 및 현실태
뤼순감옥묘지 (둥산퍼 지역)	• 뤼순감옥 의무관(고가 하츠이치), 현지인(이국성, 신현만, 김파) 증언 및 현지 역사 연구가 등이 안 의사 매장지로 추정 → 현지인 증언은 구전으로 객관적이고 구체적인 자료 미제시 • 중국 측에서 '전국중점문물보호단위'로 지정 → 중국 정부는 유해발굴 시 국가문물법 위반, 주변의 무덤 훼손에 따른 문제 발생을 우려하여 객관적인 증거자료 요구
위안바오산 (元寶山) 지역	• 뤼순감옥 소장의 딸(이마이 후사코) 증언 및 감옥 사망자 천도제(1911년) 당시 사진을 근거로 남북공동조사단이 매장지로 추정 → '08년 한·중 합동으로 유해 발굴을 추진하였으나 미발견 • 현재 힐원(hill-one)아파트 부지
중국 단독 발굴지	• 뤼순감옥박물관 주차장 경영자(유만리)의 증언을 통해 매장지로 추정 → '08년 10월 뤼순감옥박물관 단독으로 유해 발굴을 추진하였으나 유해를 발견하기 못함

※ 뤼순감옥(現 뤼순일아감옥구지박물관) : 안중근 의사 투옥 및 사형집행 장소

제11장
안중근 유해 안장 관련자료 수집 방안 검토[10]

1. 서문

2010년 3월 22일 대통령의 지시로 구성된 '안중근의사유해발굴추진단'(이하 추진단으로 약칭)은 자문위원회, 자료발굴단, 유해발굴단, 그리고 정부지원단으로 구성되었다. 그동안 유해발굴단과 자료발굴단을 중심으로 안중근 의사가 순국한 뤼순감옥과 인근 묘지를 여러 차례 현장 조사하였고, 또 일본·중국·러시아 등지에서 관련 자료를 수집하여 어느 정도 성과를 내기도 하였다.

안중근 의사 유해 또는 안장 위치와 관련한 직접적인 자료는 찾지 못했지만, 안중근 의사의 유해 발굴의 중요성과 그 유해를 찾아야 한다는 후대의 책무를 국민 일반에 크게 부각한 점은 적지 않은 성공이라고 하겠다. 하지만 정작 유해 안장 위치를 밝힐만한 구체적인 자료

---

10 김용달(前 한국독립운동사연구소장, 광복회 학술원장)

는 찾지 못했다. 이제 유해 발굴 추진단 발족 10여 년을 넘긴 시점에서 그간의 활동을 되돌아보면서, 장기적이고 체계적이며 실제적인 측면에서 안중근 의사 유해 발굴 추진 업무를 리모델링해야 할 단계에 들어선 것 같다. 10여 년의 기간에 걸친 추진단 활동에서 안중근 의사 유해 안장지에 대한 명징(明徵)적인 자료를 찾지 못하였고, 다른 한편으로는 유력한 안장지로 알려졌던 뤼순감옥 주변 수인(囚人)묘지에 대한 발굴도 성과가 없었고, 게다가 그 지역 일대가 아파트 단지로 개발되어 이제는 더 이상 발굴 사업을 진행할 형편도 아니기 때문이다.

그럼에도 안중근 의사의 유해 발굴을 포기하거나 포기해서는 안 되는 것은 그가 위대한 독립운동가로 민족통합의 상징일 뿐만 아니라 동양평화, 더 나아가 세계평화의 선구자로 기억되기 때문이다. 이에 필자는 그간의 안장 위치 관련 자료와 증언을 검토하고, 안장 자료가 있을 만한 소장처를 가늠해 보고자 한다.

2. 안중근 관련 자료에 나타난 안장 위치

안중근의 안장지에 관한 가장 확실한 자료는 고(故) 최서면 선생이 발굴한 일본 외무성 외교사료관 소장 '안중근 사형집행보고서'이다. 아시다시피 이는 통감부 통역생 원복말희(園木末喜)가 작성한 것으로 그 필사본과 번역은 아래와 같다.

"살인 피고인 안중근에 대한 사형은 26일 오전 10시 감옥서 내 사형장에서 집행되었는데 그 요령은 다음과 같다.

오전 10시 구연(溝淵) 검찰관, 율원(栗原) 전옥 및 소관 등이 형장 검시실에서 착석과 동시에 안(중근)을 끌어내어 사형집행의 뜻을 고지하고 유언의 유무를 질문한데 대해 안(중근)은 다른 유언할 아무것도 없으나, 원래 자기의 흉행이야 말로 오로지 동양의 평화를 도모하려는 성의에서 나온 것이므로 바라건대 오늘 임검하는 일본 관헌 각위에 있어서도 다행히 나의 미충을 양찰하고 피아의 별이 없이 합심 협력하여 동양의 평화를 기도하기를 절망할 뿐이라고 진술하고, 또 이 기회에 임하여 동양평화의 만세를 3창 하고자하니 특히 청허 있기를 바란다고 신청하였으나, 전옥은 그 일에 미칠 수 없다고 설유하고 간수로 하여금 곧 백지와 백포를 가지고 그 눈을 가리게 하고 특히 기도의 허가를 주었으므로 안(중근)은 약 2분간 여의 묵도를 행하고 이윽고 2인의 간수에 부축되어 계단에서 교수대에 올라가 종용히 형의 집행을 받았다. 때는 10시를 지난 4분이며 동 15분에 감옥의는 사상을 검사하고 절명하였다고 보고하였으므로 이에 드디어 집행을 끝내고 일동이 퇴장하였다.

10시 20분 안(중근)의 사체는 특히 감옥서에서 조제한 침관(寢棺)에 넣어 백포를 덮어 교회당으로 운구 되었는데, 이윽고 그 공범자인 우덕순, 조도선, 유동하의 3명을 끌어내어 특히 예배를 하게 하고, 오후 1시 감옥서의 묘지에 매장하였다. 이날 안(중근)의 복장은 작야 고향에서 도래한 주(紬)의 조선복(상의는 백무지이며, 바지는 흑색의 것)을 입고 회중에는 성화를 넣고 있었는데 그 태도는 매우 침착하여 안색, 언어에 이르기까지 평상과 조금도 다름이 없었고 종용자약하게 깨끗이 죽음에 임하였다. 또한 안(중근)의 재감 중에 기고한 유고 중 '전기'만은 이미 탈고하였으나 동양평화론은 총론과 각론 1절에 그치고 전부의 탈고를 보지 못하게 되었다.

우 보고하나이다. 통역 촉탁 통감부 통역생 원목말희."

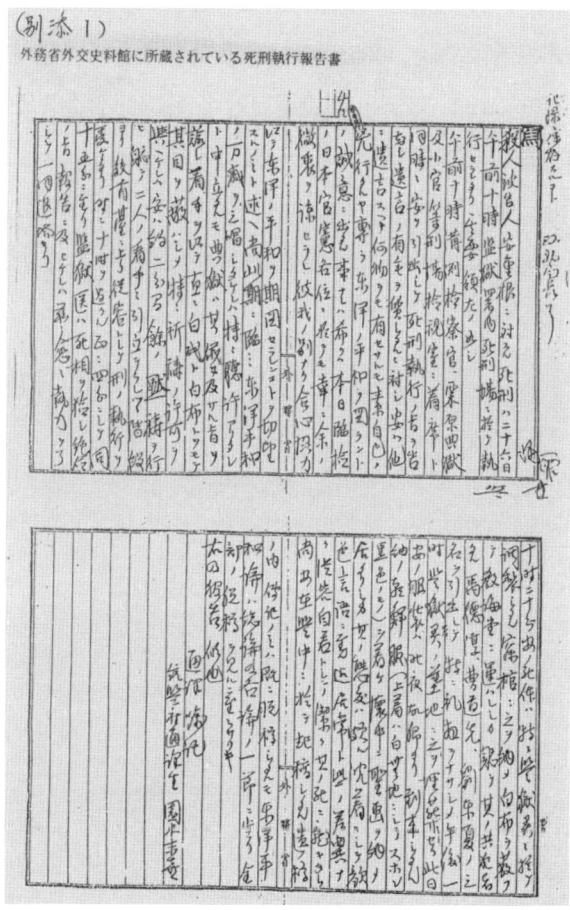

바로 여기에 안중근의 유해 안장지가 나타나 있다. '감옥서(監獄署)의 묘지에 매장'하였다는 것이다. 그런데 문제는 이 시기 감옥서의 묘지가 어딘가 하는 문제이다. 뤼순감옥 뒤편, 곧 북대문 위쪽의 위안바오산인가, 아니면 동쪽편 둥산퍼인가. 우선 러일전쟁 시기 제작된 뤼순지도를 보자. 첫째는 1905년 러일전쟁 당시 뤼순지역 군사지도로 방위청방위연구소에 소장된 '뤼순전적안내상도'로 뤼순감옥이 표시되어 있다. 둘째는 일본외무성 외교사료관에 소장된 뤼순지도로 러일전쟁 시기인 1905년 측도해서 1906년 제작된 것이다. 여기에는 뤼순감옥(관동청형무소) 위치가 상세하게 나타나 안중근의 유해 안장지를 대략 가늠할 수 있다.

〈지도 1〉 뤼순전적안내상도(1905, 방위연구소 소장)

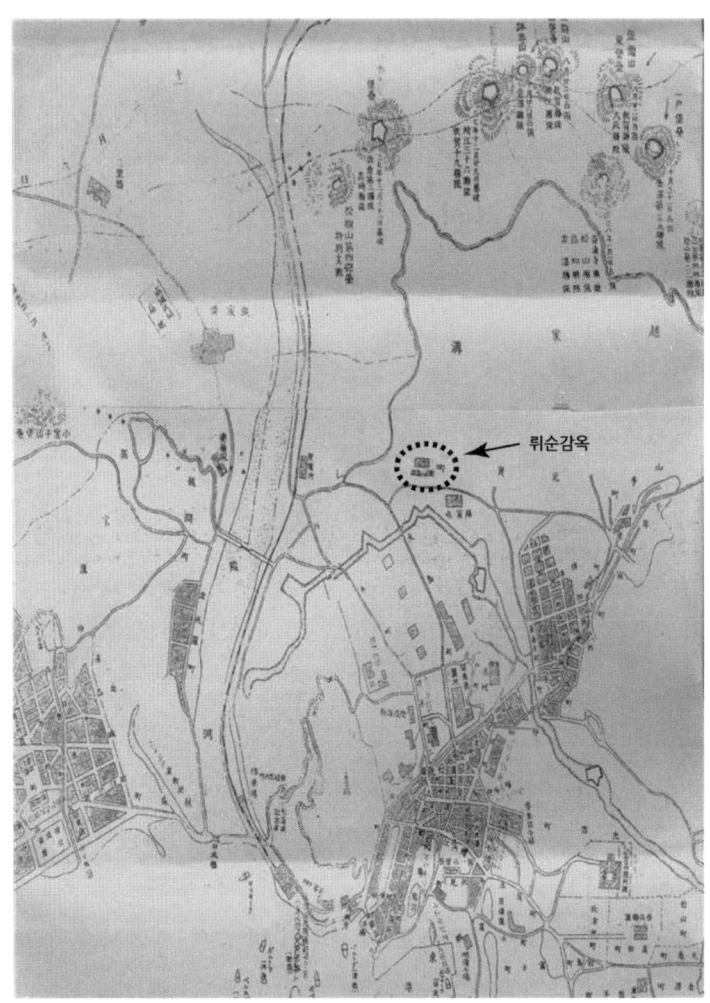

〈지도 2〉 뤼순지도(1906, 외교사료관 소장)

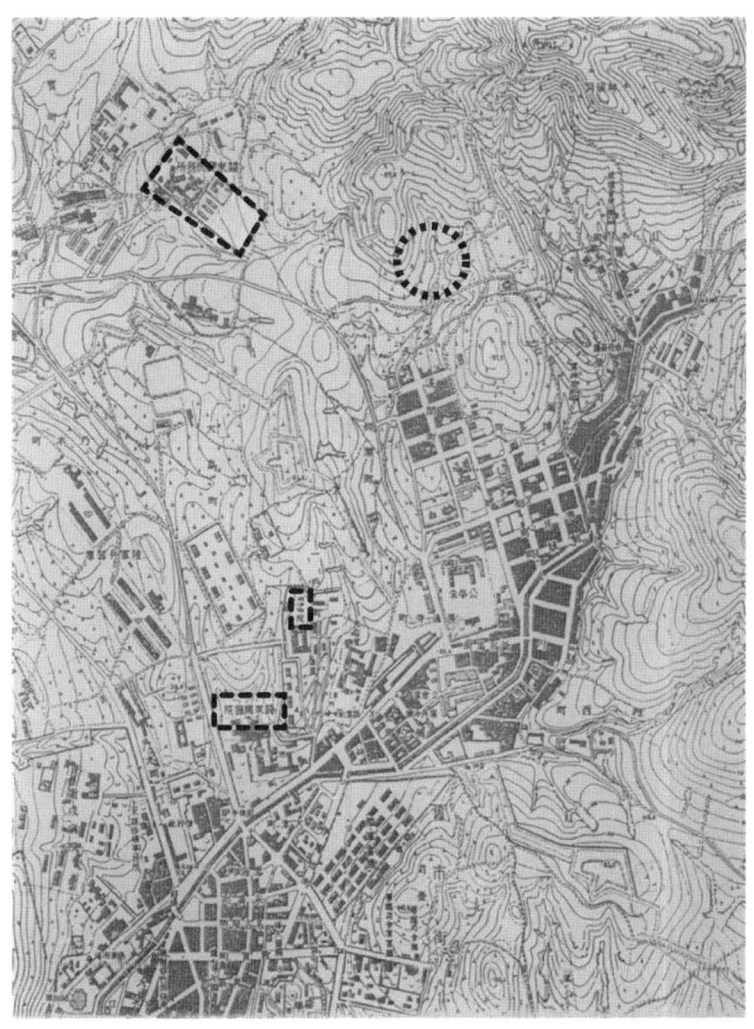

〈지도 3〉 뤼순감옥과 둥산퍼 위치도(1906)

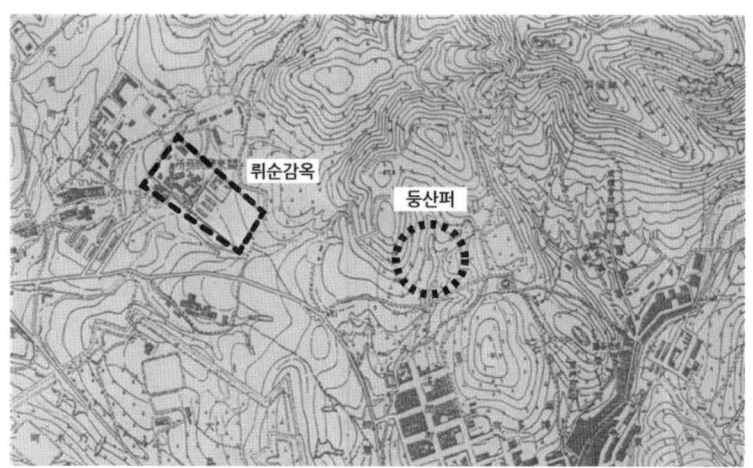

〈지도 4〉 뤼순감옥과 둥산퍼 위치도(1912, 참모본부 편, 일로전사 6)

세 지도의 문제는 뤼순감옥(관동도독부 감옥서)의 위치는 정확히 표시되어 있지만, '감옥서 묘지'가 나타나 있지 않다는 점이다. 그간 당시 감옥서 묘지는 북대문 뒤편 위안바오산(元寶山)에 위치한 것으로 추정되었다. 그것은 뤼순감옥의 전옥(감옥서장) 구리하라 데이키지(栗原貞吉)의 셋째 딸 이마이 후사코(今井房子)가 제공한 사진과 증언에 따른 것이었다. 이마이 후사코의 말을 어느 정도 신빙할 수 있는 자료가 바로 〈지도 4〉이다. 왜냐하면 1905년부터 1912년에 걸쳐 만들어진 위 지도의 등고선을 보면, 뤼순감옥 부근은 평지가 발달해 있다. 따라서 안중근 순국 당시 '감옥서 묘지'는 뤼순감옥 뒤편 평지에서 산지에 이르는 공간일 가능성이 높다.

그런데 이 지역, 곧 이마이 후사코가 제공한 사진에 근거한 안중근 묘의 추정 위치에 대한 국가보훈부의 발굴 성과는 매우 부정적이었다. 더욱이 현재는 그 위치는 물론 주변 대부분이 주택지로 개발되어 아파트가 세워진 상태로, 더 이상의 발굴조사가 불가능해졌다. 이제 남은 주장은 둥산퍼 지역 밖에 없다.

둥산퍼 지역의 묘지는 뤼순감옥 관계자와 조선족 동포의 주장에 따르면, 1931년 9월 일제의 만주침략 이후 조성된 것으로 알려졌다. 사형수의 증가에 따른 뤼순감옥 부근 '감옥서 묘지'의 부족 공간에 대응하고, 만주침략 이후 폭증한 반일 혁명가의 사형에 따른 '감옥서 묘지'의 확장 필요로 생겨난 것이란 얘기다. 나아가 '감옥서 묘지'에 안장한 사형수의 묘까지도 일부 둥산퍼 지역으로 이장했다는 설이 있고, 안중근도 그 가운데 하나라는 주장도 있다.

이제 남은 문제는 당초 안중근이 안장된 위치를 찾는 작업도 필요하지만, 여기에 더하여 안중근의 묘가 둥산퍼 지역으로 이장됐는가, 그렇다면 그 위치는 어디인가도 추적해야 한다는 점이다. 유해 발굴의 책무가 더 늘어났고, 더 어려워졌다는 얘기다.

3. 안중근 유해 안장 자료의 소장 가능성

첫째, 안중근의 안장 위치와 관련한 합리적 의심은, 일본은 알고 있다는 사실이다. 왜냐하면 당시 안정근과 안공근 형제와 홍석구 신부가 안중근 순국 후 시신을 인수하기 위해 기다리고 있었는데, 일본은 시신을 인계하지 않고 멋대로 '감옥서 묘지'에 묻었기 때문이다. 이는 당시 일본의 실정법에도 어긋난 불법적이고, 반인륜적 행위로 일본 정부가 책임져야 한다. 따라서 일본 정부는 지금이라도 안중근 안장 위치에 대한 자료를 내놓아야 한다. 당장 내놓을 자료가 없다면, 찾는 데 최대한 노력해야 한다. 지금처럼 자료가 없다고 발뺌해서는 안 된다.

안중근 순국 당시 뤼순형무소는 '관동도독부 감옥서'였다. 그렇다면 관동도독부 감옥서에 관한 자료는 그 후신인 '관동청'과 이 지역 방위를 담당한 '관동군사령부'에 문서로 남아 있을 가능성이 크다. 또한 관동도독부를 관할하던 일본 국내의 척식국(척식청)과 외무성 그리고 육·해군성에도 각종 보고서가 발송되었을 것이다. 곧 일본의 공문서관, 외무성 외교사료관, 방위성 방위연구소, 내무성·법무성 등에도 자료가 남아 있을 가능성이 크다고 본다. 지금이라도 일본 정부는 감추지만 말고, 유해 안장 자료를 찾아 한국 정부에 제공해야 한다는 점을 다시 한번 강조하고 싶다.

    둘째, 중국에 있을 가능성도 크다. 왜냐하면 일제 패망 직후 관동청과 관동군 비밀문서도 조선총독부 비밀문서처럼 태웠다고 알려져 있지만, 미처 태우지 못한 자료는 다롄당안관에 있다는 것이다. 중국에서는 이를 타다 남은 자료로 '회당(灰檔)'이라 하고, 그 일부가 '구 관동지방법원 전시실'에도 전시되어 있다. 특히 이런 사실을 여러 해 전에 국사편찬위원회 위촉으로 다롄당안관 자료를 조사한 다롄대학교 유병호 교수도 증언하고 있다. 유병호 교수는 다롄당안관 자료 조사 당시 정리되지 않은 관동청 문서들이 수장고에 수십 개의 포대로 남아 있었다고 한다. 지금은 이 문서가 다롄도서관으로 이관되었다는 소식도 있는데, 하루빨리 중국 정부와 협력하여 이 자료들 조사해야 한다. 그러면 관동청이나 관동군사령부에서 작성한 정보 문서에서 안중근 유해와 안장지에 관한 자료가 발굴될 가능성이 크다고 생각한다.

    셋째, 러시아에도 있을 가능성이 있다. 러시아는 2차 세계대전 당시 얄타회담에서 미국의 강력한 요청으로 독일 항복 후 3개월 이내에 '러일중립화조약'을 파기하고, 대일전에 참전하기로 합의하였다. 그 대가로 쿠릴열도와 사할린섬 분할 점령 그리고 러일전쟁 이전의 중국에서의 이익선 회복을 보장받았다. 그래서 1945년 8월 8일 대일선전포고와 동시에 만주지역으로 진입하였다. 전광석화처럼 하얼빈을 거쳐 뤼순·나롄을 섬령하고 일본군의 무장해세와 각종 문서를 노획한 깃이다. 그 가운데는 관동청과 관동군 비밀문서도 포함되어 있고, 그 주요 문서는 러시아로 가져가 KGB 문서보관소에 소장하였다는 것이다. 여기서도 찾아질 가능성이 크다고 생각한다.

4. 결론 – 향후 수집 방안에 대하여

여러 차례 제기한 바 있지만, 다시 한번 향후 자료 수집방안에 대한 의견을 제시하고자 한다. 이제 안중근 의사 유해 발굴 사업은 후손된 도리이자 책무라는 국민적 공감대를 광범위하게 형성하고 있는 일이 되었다. 그럼에도 아직 안장 자료에 대한 괄목할 만한 수집 성과를 내지 못했다. 때문에 국가보훈부의 유해 발굴 사업 10여 년을 넘긴 현 시점에서 정부 주도의 사업 추진 방식을 정리해야 한다고 본다.

이제 장기적이고 체계적이며 실질적인 사업 추진기관을 조직, 운영하여 획기적인 성과를 내야 할 과제가 새롭게 대두한 것이다. 명분과 효율성의 측면을 고려할 때, 사업 추진 주체를 조직하는 방식은 안중근기념관이나 안중근 의사기념사업회가 적격이다. 하지만 현재 이들 기관에는 사업을 추진할 조직이나 연구 역량이 결여되어 있거나 미흡하고, 상호 대립 갈등관계에 있기 때문에 어느 한 쪽을 선정하기도 어려운 형편이다.

차선책으로 정부 내에 별도 조직이나 기구를 설치하는 방안을 생각해 볼 수 있으나, 이는 여러 측면에서 비효율적이다. 각 정부별의 성향이나 직제개편과 인사이동 그리고 인력충원의 문제 등으로 자료수집 사업에 탄력적이며 능동적으로 대처할 수 없으며, 장기적 안목으로 사업을 추진할 가능성도 낮기 때문이다. 그렇다면 유력한 대안은 민관 공동의 전문연구기관이나 가칭 '안중근의사유해발굴민간상설위원회' 등 재단법인을 구성하여 진행하는 방식을 고려할 필요가 있다. 곧 정부는 예산이나 관련국과 외교교섭을 맡고, 사업은 민간차원에서 진행하는 투 트랙 방식이다.

　다음으로 전담 기관의 운영 방안에서 우선적으로 고려해야 할 점은 적정한 인원과 예산, 그리고 업무 추진 방식이다. 적정 전담 인원은 최소 5인 이상이며, 적정 예산은 인건비를 포함해 최소 연 10억 이상은 되어야 한다. 특히 국내외 안중근 전문가로 구성한 자문위원회를 두고 중장기 사업계획과 사업 추진 내용 등에 대해 정기적인 자문이 이루어져야 시행착오를 반복하지 않거나 줄일 수 있을 것이다. 정부의 지휘감독은 가능하면 예산 지원과 사용 분야에 한정되고, 사업 진행은 민간기관의 자율적 운영에 맡겨야 효율적인 업무수행과 소기의 성과를 창출할 수 있을 것으로 생각한다.

제12장
중국, 평화주의자 안중근 유해 어떻게 할 것인가?[11]

1. 중국의 안중근 유해발굴 과정

한국과 중국은 안중근 유해발굴을 위해 걸어 왔다. 지난 과정이 말해 준다.

1986년 北韓의 방문시 협조, 1993년 8월 한·중 外務次官 회의 시 안중근사 유해발굴 협조 요청하여, 1995년 4월 외무부를 통하여 한·중 문화협정이 발효에 따른 중국 측에 안중근 유해발굴 조사협조 요청하였다. 2004년 5월 국가보훈처장은 중국 정부를 방문하여 안중근 유해발굴 사업을 남북공동으로 추진하기로 합의 하였다. 2006년 남북한 안중근 유해 매장지 선정, 2008년 3월과 4월 뤼순감옥 북쪽 29일간 한·중 안중근 유해발굴단 발굴 조사를 전개하였다. 그러나 안중근 의사 유해

---

11 김월배(金月培) 하얼빈 이공대학교, 이 글은 저자가 2024년 6월 29일, 상하이 외국어 대학과 안중근의사찾기 한·중민간상설위원회가 함께한 세미나에서 발표한 원고를 확대 보완한 것이다.

를 미확인하였다. 2010년 5월 15일, 16일 한·중·일 외교 장관시 안중근 유해발굴 협조 요청하였다. 이에 당시 양제츠(楊潔篪) 중국 외교부장은 "중국은 양국간 우호 관계의 관점에서 그간 안중근 유해 발굴에 여러 차례 적극적으로 협조한바, 현재로서 별다른 진전이 없으나 새로운 실마리가 있다면 계속 필요한 협조를 제공할 것이다."라고 답변하였다. 2015년 11월 안중근 유해발굴 지표투과조사에 응답하면서, 남북한이 신청하면 고려해보겠다는 의견을 피력하여 현재에 이르고 있다.

즉, 중국은 북한의 협조 요청, 한국의 공동 발굴, 중국 단독 발굴 등 다양한 형태로 안중근 의사 유해발굴을 지향해 오고 있다. 그러나 이러한 노력에도 불구하고 안중근 의사 유해 위치는 확인되지 않고 있다.[12]

상기 전술한 내용은 정부 차원의 발굴이다. 발굴 시차를 보면 상당한 격차와 또는 집중이 되어 있다. 즉 이는 정확한 매장지를 요구하고 있다. 그리하여 한·중 정부는 선자료후발굴을 요구하고 있다.

뤼순일아감옥구지박물관 주변은, 신축 아파트가 형성되어 100여 년 전과 다른 지모(地貌)의 변화가 진행되고 있다. 또한 고층 아파트 건설은 지세의 변화를 확인하는 데 어려움이 있다. 그리하여 지속적이고 상설적인 안중근 의사 유해 발굴을 위한 조직이 요구된다. 2023년 9월 안중근의사찾기 한·중민간상설위원회(弘扬安重根义士精神 中·韩民间常设委员会)의 설립으로 한·중 전문가의 대화가 시작되었다. 2023년 11

---

[12] 김월배, 《안중근 의사 유해발굴 동양평화의 길이다》, 도서출판 걸음, 2022년

월 한국에서 안중근 유해찾기를 위한 작업이 시작되었다. 이제는 중국 내에서 구체적인 실천이 필요하다. 우선, 중국 내 사료 찾기와 뤼순 감옥에서 근무한 후손을 찾아야 한다.

2. 사료와 후손 찾기

중국에서 미군의 유해 발굴 사례는 안중근 의사 유해발굴에 중요한 시사점을 준다. 중국 청년보 2006년 10월 10일자 미국 중국 랴오닝성 단동시 요수촌(辽宁丹东的楡树村)에서 전사장병 유해 찾기 관련 기사이다.

2006년 9월 말에, 미국 사관 3명이 중국 랴오닝성 단동시 요수촌에 와서 당지 촌민들의 안내를 받아 미군 비행기 잔해가 있는 것으로 추정된 3군데를 답사했다. 이틀 동안의 현장조사를 마치고 Robert Spaulding 중령 일행이 북경으로 돌아갔다.

중령 일행이 북경에서 중국 외교부, 국방부, 국가당안관, 그리고 적십자회의 관련자들과 회담했다. 동시에 회담을 통해 중국 각 측에게 고맙다는 뜻을 표하였다. 탐색 작업을 맡는 미국 국방부 Aaron Lyle 분석자는 반세기를 지난 지금 유해를 찾는 것이 굉장히 어려운 일이라 각종 인재들이 필요하다고 말했다.

보도에 따르면 발굴 작업은 고고학자, 인류학자, 폭탄 제거 전문가가 필요하고 위성항법장치와 금속탐지기, 지층 전파 탐지기 등 첨단 기술 장치도 갖추어야 한다. 1996년에 장쩌민(江澤民) 중국 전국가주석과 빌 클린턴(William Jefferson Clinton) 미국 전 대통령이 회담할 때 미국 장병들의 유해 발굴 사업에 관하여 협력 업무를 상담했다.

1999년 중국 외교부 관계자는 미국 관계자와 만날 때 미국 장병 유해 찾기 사업에 도움을 제공하겠다고 표했지만, 한국전쟁에 관한 당안은 중국인민해방군에 속하여 국방부의 허락을 받아야 한다고 했다. 2000년 중국 측에서 미국 측이 한국전쟁 포로수용소에서 일했던 노병을 방문할 수 있는 허락을 내렸다. 2003년에 미국의 유해 찾기에 중요한 돌파구를 마련했다. 미국 국방부 포로와 전쟁 실종 인원 사무처에서 중국 정부와 상담한 후 전문가팀을 파견하여 2004년 5월에 비행기 추락 지점을 발굴하고 비행기 잔해와 유해가 발견되었다. 10월에 이는 미국 공군 조종사인 Troy Cooper의 유해로 확인되었다.

중국과 미국의 Troy Cooper 장병의 유해 발굴 사례는 다음과 같은 시사점을 준다. 1996년에 사료 발굴을 위한 양국 정상 간의 회담과 협력이 중요한 역할과 그 후속작업이 지속적으로 이루어졌다. 또한 정부 부처 간 외교부, 당안관, 국방부, 적십자 그리고 단동 요수촌 촌지부의 현장 협조로 이루어졌다. 즉 중앙정부와 지방 정부와 유기적인 역할이 중요함을 알 수 있다.

우선, 중국 내 당안관 사료를 조사해야 한다. 중국의 국가 기록은 당안에서 보관한다. 특히 다롄 당안관, 랴오닝성 당안관, 국가 제1당안관의 1909년부터 1911년까지의 안숭근 시기의 신문기사, 문헌 등을 확인할 필요가 있다. 중국에서 발행한 일본신문을 포함한다. 그러나 1988년 중국 당안법 개정으로 1945년 이전 사료는 제한적으로 볼 수 있다. 현재 찾아야 하는 몇 가지 사료를 제시한다.

우선, 위만주국 시기 대한민국의 독립운동 상징적 인물인 관리한 당안 자료의 내용이다.

"내용물(조선인 사건과 관련하여)
하얼빈에서 안중근이 이토 히로부미를 암살한 사건, 윤봉길이 천황 탄생일 상하이에서 시라가와(白川) 장군과 시게미쓰 마모루(重光葵)를 암살한 사건"

원래 저자 (미상) 명 룽쟝성 공서 /(미상)번호 21810 /원권번호 경자19

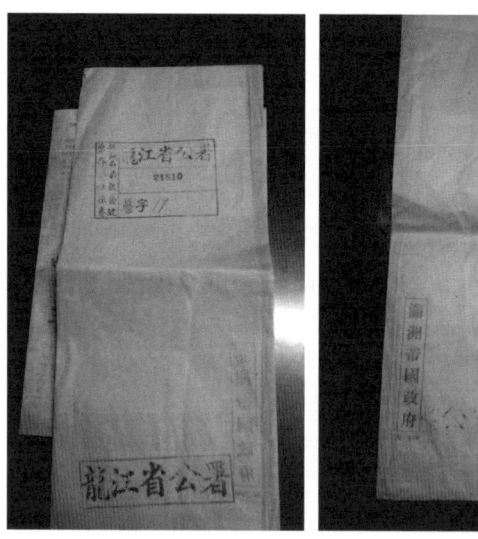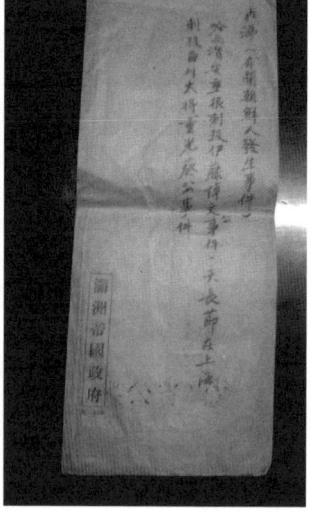

➡ 하얼빈에서 안중근이 이토 히로부미를 암살한 사건, 윤봉길이 천황 탄생일 상하이에서 시라가와(白川) 장군과 시게미쓰 마모루(重光葵)를 관련 폭살 사건 봉투. 경찰서에서 자료용으로 활용됨.

봉투의 내부 자료를 찾는다면, 안중근 의사와 윤봉길 의사에 대한 획기적 발견이다.[13]

둘째, 동북 지역 외국 문헌 보관 도서관 기관(17곳)에 보관된, 1909년 뤼순지도(旅順圖)이다.[14] 대일본 제국 육지측량부 편, 명치 42년(1909) 수정판 1폭이다. 이 지도를 찾아 1909년 뤼순감옥 주변 지형을 확인할 수 있다. 특히 뤼순감옥 주변 묘지 현황을 확인할 수 있다. 그 후 1918년 발견된 지도와 대비하면 1910~17년 사이에 신설된 묘지 확인이 가능하다.

셋째, 뤼순 감옥 내 장기 근무자 후손 찾기이다.

1968년 뤼순구 사무실 ≪关于调查敌伪档案下落(적당안자료)≫(日本殖民统治时期旅顺刑务(일본강점기뤼순형무소)), ≪旅顺刑务中国职员一览表(뤼순형무소중국직원일람표)≫와 1971년 뤼순감옥구지 진열기획팀 조사기록이다. 총 48명이다. 그중 대표적이고 장기 근무자만 기재한다.

1) 马本源(1924년 7월-1945년 8월 15일 23년 근무), 회계과 근무하여, 원거주지 뤼순 원보방, 1968년 조사시 旅顺长城李家村거주, 사망하였다. ≪뤼순일아감옥실록(旅順日俄監獄实录)≫[15] p.218-219 마번위안(马本源)의 소개 내용을 보면,

---

13 김월배·김이슬 외, ≪유해사료, 안중근을 찾아서≫, 진인진 출판사, 2023년
14 東北地方文獻聯合目錄編輯組,〈東北地方文獻聯合目錄:第2輯 外文(日, 西, 俄)圖書 部分, 1980
15 郭富纯, ≪旅順日俄監獄实录≫, 吉林人民出版社, 2003

마번위안(马本源), 산동성 사람. 1924년 7월부터 1945년 8월까지 뤼순감옥에서 사무원 신분으로 일했다. 20년 동안 일본 식민 통치자가 감옥에서 짓는 종종 죄를 직접 봤다. 해방 이후 그는 뤼순 위안바오팡에서 살았고 질병으로 죽었다.

저자(김월배)의 마홍푸(马宏福) 인터뷰 내용 정리를 보면,

마홍푸(马宏福)는 마번위안(马本源)의 아들이다. 마번위안은 뤼순감옥에서 24년 근무하였다. 마홍푸 1938년생. 뤼순 위안바오팡 양수골 출생. 양지칭(杨积清)의 조카. 길림사범대 수학과 졸업, 창춘(长春) 과학기술대학 교수. 뤼순(旅顺) 창청(长城)에서 다롄50고등학교 고등수학 교사로 근무했다. 치신가(启新街) 동산교사루에 거주했다. 마번위안을 통해서 안중근에 대해 듣지 못했고 아버지(마번위안)는 돼지만 키웠다고 했다. 마번위안은 뤼순 공학당 졸업 전 뤼순감옥 청소 근무로 일본어를 잘했고, 구매부에서 통역사로 근무했다. 마번위안은 3형제 3자매를 두었는데 마홍푸는 마번위안의 셋째 아들이다. 현재 둘째 누나가 살아 있고 건강하다. 아들 마퀴는 현재 뤼순에 거주한다. 마번위안의 무덤은 창청 리쟈툰(李家屯) 뒤에 있다. 마홍푸는 안중근에 대해서 들은 바가 있다고 한다. 마번위안의 자료는 확인 할 수 없었다. 애석하게도 2022년 12월 28일 코로나 시기 사망하였다. 마홍푸의 아들 즉 마번위안의 손자는 뤼순에서 택시 기사로 근무한다고 한다.

2) 杨积清(1939년 9월 – 1945년 8월 15일, 6년 근무), 계호계, 서무계 근무, 원거주지 뤼순 원보방, 1968년 조사시 뤼순 위생관리근무소 근무,

사망하였다.

3) 王德城(1939년 9월 – 1945년 8월 15일, 6년 근무), 계호계 야딩, 원보방 丰亘의 장녀와 결혼 후 산동으로 돌아갔다.

〈뤼순감옥 근무한 중국인 명단〉

성명	직무	소개인	근무 연한	이직 원인	원주소	향후 행방
추이시천 (崔喜晨)	서무과 통역	–	1923년 4월	–	다롄(大连) 진저우얜쟈로우 (金州阎家楼)	–
마번위안 (马本源)	회계과 직원	–	1924년 7월~ 1945년 8월 15일 이후	–	뤼순(旅顺) 위안바오팡 (元宝房)	뤼순(旅顺) 창청리쟈(长城李家) 사망
양지칭 (杨积清)	서무과 사무직원	마번위안 (马本源)	1939년 9월~ 1945년 8월 15일	원래 계획으로는 1942년 4월 서무과로 도착	뤼순(旅顺) 위안바오팡 (元宝房)	뤼순(旅顺) 위생관리 근무
왕더청 (王德成)	계호과 압송원	–	1939년 9월~ 1945년 8월 15일	–	–	위안바오팡(元宝房) 펑쥐(丰亘)구 장녀와 결혼 후, 산둥(山东) 거주
당궈롄 (唐国连)	계호과 압송원	–	1939년 11월~ 1941년 3월	장쟈커우 (张家口)에 가서 근무	뤼순(旅顺) 티에샨야후주이 (铁山鸦户嘴)	뤼순(旅顺) 티에샨야후주이 (铁山鸦户嘴)
류칭루 (刘清汝)	서무과 통역	–	–	–	다롄(大连) 사허커우구 (沙河口区)	–
류훙언 (刘洪恩)	서무과 전달실 통역	–	1940년~1941년	순보에 합격한 후 다롄관동청 외사과 형사로 입직	뤼순(旅顺) 위안바오팡 마잉허우 (元宝房马营后)	다롄

성명	직무	소개인	근무 연한	이직 원인	원주소	향후 행방
장궈차이 (张国财)	의무과 의사	-	?~1945년 8월 전 떠남	-	뤼순(旅顺) 슈이스잉 (水师营)	사망
류치화 (刘启华)	서무과전 달실 번역	-	-	-	뤼순(旅顺) 류쟈거우 (刘家沟)	홍콩(香港) 지우룽(九龙) 으로 이주
런페이성 (任培盛)	서무과전 달실 번역	-	1942년	-	뤼순(旅顺) 덩펑지에다오 (登峰街道)	-
리숑쥐 (李兄聚)	회계과 소사	-	-	순보 합격	뤼순(旅顺) 첸쟈샨리쟈툰 (前夹山李家屯)	사망
왕밍여우 (王明有)	서무과전 달실 번역	-	1943년~1944년	위만주국 군인	뤼순(旅顺) 샹타이즈 (上台子)	원래 일본 헌병대(宪兵队) 마부(马夫) 손득본(孙德本) 의 사위
위신둥 (于新东) (여)	회계과 타자원	-	1943년~ 1945년 8월 5일	-	-	-
쉬밍렌 (徐明连)	서무과전 달실 번역	양지칭 (杨积清)	1944년 7월 ~1945년 8월 15일	-	뤼순(旅顺) 룽터우쉬쟈툰 (龙头徐家屯)	뤼순(旅顺) 룽터우쉬쟈툰 (龙头徐家屯)
류궈펑 (刘国风)	서무과소 사	-	-	-	뤼순(旅顺) 티에샨야후주이 (铁山鸦户嘴)	大连造船厂 (다롄선박회사)
저우스원 (周士文)	서무과 소사	-	1945년 8월 이전	-	뤼순(旅顺) 저우쟈웨이즈 (周家崴子)	뤼순(旅顺) 슈앙다오저우쟈 (双岛周家)
장슈잉 (张秀英) (여)	서무과 소사	-	1945년 8월 이전	-	뤼순(旅顺) 싼리쟈오 (三里桥)	다롄(大连) 중샨구(中山区) 스다오졔 196호 (石道街196号)

성명	직무	소개인	근무 연한	이직 원인	원주소	향후 행방
양링샤오 (杨灵晓) (여)	서무과 소사	양지칭 (杨积清)	1945년 2월 ?~8월 15일	–	뤼순(旅顺) 위안바오팡 (元宝房)	다롄(大连) 중샨구(中山区) 민셩가 12호 (民生街12号), 양후이위안(杨 惠媛)으로 개명
쉬에지 (薛吉) (여)	서무과 타자원	–	1945년 8월 이전	–	–	–
위신수 (于心恕) (여)	용도과 타자원	–	1944년 6월 ~1945년 8월 15일	–	뤼순(旅顺) 더셩가 (得胜街道)	진저우(金州) 치딩산(七顶山)
스위전 石玉珍 (여)	회계과 장부	–	1943년~ 1945년 8월 15일	–	뤼순(旅顺)	시안(西安) 외국어학부 (外语学院) 근무, 사망
양수전 (杨淑贞)	회계과 장부	–	1944년~ 1945년 8월 15일	–	뤼순(旅顺) 위안바오팡 (元宝房)	베이징(北京)
왕여우빈 (王有滨)	회계과 사무원	–	–	–	뤼순(旅顺)	–
궈위후 (郭玉祜)	회계과 소사	–	–	1943년 형무소 물건 절도로 해고	뤼순(旅顺) 옌창궈쟈거우 (盐场郭家沟)	–
무팡여우 (穆方有)	회계과 소사	–	–	1943년 형무소 물건 절도로 해고	뤼순(旅顺) 슈이스잉 (水师营)	다롄선박회사 (大连造船厂) 근무, 중샨구 시우위에가 (中山区秀月街) 거주
마잉랑 (马永让)	회계과 소사	–	–	–	–	사망
쑨청번 (孙成本)	회계과 소사	–	1944년~ 1945년 8월 15일	–	–	뤼순(旅顺)

성명	직무	소개인	근무 연한	이직 원인	원주소	향후 행방
장치숭 (蔣基松)	작업과 소사	-	-	-	뤼순(旅順) 싼젠바오쟝쟈툰런 (三洞堡蔣家屯人) 거주, 해방 후, 위안바오팡 (元宝房) 거주	뤼순(旅順) 싼젠바오공쟈촌 (三洞堡洪家村)
진영푸 (金永富)	작업과 소사	-	-	-	뤼순(旅順) 위안바오팡 (元宝房)	사망
궈스쥔 (郭士俊)	계호과 압송 작업과 압송	-	1944년~ 1945년 8월 15일	1945년 계호과에서 작업과로 입직	뤼순(旅順) 위안바오팡 (元宝房)	산둥성(山东省), 사망
위잉만 (于瀛满)	용도과 소사	-	1943년 3월 ~1945년 8월 15일	-	뤼순(旅順) 위안바오팡 (元宝房)	뤼순(旅順) 전력청(电业局) 근무
장여우창 (张有长)	작업과 운전	-	?~1944년	-	뤼순(旅順) 싼리쟈오 (三里桥)	다롄(大连)에서 운전
쉬밍청 (徐明成)	작업과 운전	-	-	-	뤼순(旅順) 룽터우쉬쟈툰 (龙头徐家屯)	1960년 사망

3. 함께 걸으면 길이 된다

  2024년 3월 29일, '아시아와 세계(亞洲與世界): 공동의 도전, 공동의 책임' 주제로 버아오 아시아 포럼(博鰲亞洲論壇) 주제였다. 아시아의 단결, 합작 그리고 공동 발전에 대한 아시아의 목소리였다.

노래가 있다.

"일어나 어서 고향으로 가자 어머님이 널 기다리신다. 60년 세월 오직 자식을 위해 자나 깨나 눈물지신다. 얼마나 힘들었니 얼마나 외로웠니 차디찬 그곳에서 가슴 치며 울었겠니"

한국 국민가수 설운도(雪雲道, 본명: 이영춘(李英春))와 중국인민해방군 제2포병부대 군인가수 김파(金波)가 한·중 언어로 부른 '귀향'이란 노래이다. 설운도가 작사, 작곡하고 직접 부른 노래 '귀향'은 중국인민지원군 유해 송환을 계기로 한국 땅에 묻힌 중국인민지원군 영혼들이 어머님이 기다리는 고향으로 돌아간다는 내용을 담은 노래다. 새로운 환경에서의 평화의 전주곡이 중국 2014년 3월 중국 심양에서 울려 퍼졌다.

역사는 영웅을 원한다. 저우언라이 전 총리는 안중근 의사를 평가하였다.

1963년 〈중조 인민의 대화〉에서 '중조 양국 인민들의 항일투쟁은 1909년 조선의 항일지사 안중근이 하얼빈에서 이토 히로부미를 저격하면서 시작되었다.'라고 평가하였다.

안중근 의사는 115년 전 뤼순에서 동양평화만을 염원하셨다. 그렇기에 안중근 의사는 이제 모두 존경하는 평화주의자이자 사상가이다. 안중근 의사 본인의 유언 역시 "하얼빈 공원에 묻혔다가, 국권이 회복되거든 고국으로 옮겨 묻어 달라."라는 것이었다. 중국 하얼빈, 그리고 대한민국 두 곳에 묻히기를 희망하셨다. 따라서 안중근 의사의 유해를 찾아 모시는 일은 본인의 유언을 받드는 일을 넘어 한·중 국민이 해야 할 마땅한 의무라고 할 수 있다.

화해와 평화가 낳은 노래 '귀향'처럼, 안중근 의사 유해가 한국으로 반장된 후 한·중 국민이 손잡고 함께 부르는 새로운 평화의 안중근 귀향의 노래 '영웅을 기다리며'[16]를 기대한다.

동양평화를 염원하시다가 살신성인하신 안중근 의사. 평화주의자 안중근 의사 유언의 실현 어찌할 것인가? 중국민들에게 묻고 싶다. 안중근 의사 유해 발굴은, 한·중의 미래를 열어가는 열쇠이다. 한·중·일 3국의 동양평화를 염원하시던 안중근 의사께서 세상에 남기신 가르침과 그분의 유해를 찾아야만 하는 우리들의 사명이다. 한국과 중국이 함께하면 길이 된다.

---

16 김월배 작사, 백유미(Baek Yoome) 작곡, '영웅을 기다리며'는 안중근 하얼빈 의거 114주년을 맞아, 2023년 10월 20일 대전예술가의 집에서, 청홍가야금 연주단의 초연으로 알려졌다. '내가 죽거들랑, 하얼빈 공원에 묻어달라. 효창원 묘소가 백년이 가까운데, 차가운 겨울 뤼순커우를 헤매시나요. 감옥서 묘지 봄 왔지만, 의사님은 햇살을 느끼시나요. 안중근 의사님 그립습니다. 안중근 의사님 그립습니다.(1절) 국권이 회복되면, 고국으로 반장해 다오. 광복된 고국이 백 년이 가까운데, 한 시간이면 오시는데, 백년을 못 오시나요. 통일도 지척이거늘, 의사님은 언제쯤 오시나요. 안중근 의사님 그립습니다. 안중근 의사님 그립습니다. (2절)

제13장
안중근의 헌신을 본받아 '동양평화' 사상 고취[17]
- 안중근 유해 탐방조사 겸 서술 -

2025년은 한반도 민족 영웅 안중근이 하얼빈에서 일본 이토 히로부미를 사살한 지 116주년이 되는 기념일이다. 시간은 100여 년이 흘렀지만, 안중근 의사의 위대한 헌신은 지금도 민족의 독립과 자유해방을 추구하는 모든 사람들의 추앙을 받고 있다. 그의 이름은 여전히 고산취백(高山翠柏, 높은 산과 측백나무처럼 오랫동안 사시사철을 지키는 수호신)과 해와 달이 함께 빛나며, 강과 함께한다. 우리는 자주 말한다. '한 민족은 영웅이 없어서는 안 되며, 한 나라는 선봉이 없어서는 안 된다. 영웅이 없는 민족은 매우 슬프고, 선구자가 없는 국가도 희망이 없다.' 동북아는 물론 세계의 근대사에서 진정한 민족적 영웅인 안중근의 위대한 헌신은 칭송 받을 만한 가치가 있다.

---

[17] 왕젼련(王珍仁) 뤼순일아감옥구지박물관 전 부관장, 이 글은 저자가 2024년 12월 3일, 주대한민국 다롄 영사 출장소에서 열린 안중근 유해 세미나 원고를 확대 보완한 것이다.

세 가지 문제를 중점적으로 이야기하고자 한다.

첫째, 내가 겪은 안중근 유해 추적조사, 둘째, 현재 안중근 정신을 통한 배움은 무엇인가? 셋째, 향후 안중근 연구에 대한 제안이다.

1. 내가 겪은 안중근 유해 발굴조사

1910년 3월 26일 오전 10시경, 안중근은 뤼순 감옥에서 용감하게 목숨을 잃었다. 그 후 그의 유해가 묻힌 장소에 대해 일본 식민 당국은 외부에 아무런 소식도 남기지 않았다. 후속 사람들은 당시 일부 신문의 소식 보도를 통해 그의 유해가 뤼순 감옥의 공동묘지에 묻혔다는 것을 어렴풋이 알 수 있었다. 뤼순 러일 감옥 옛터 박물관은 1971년에 설립되었다. 내가 박물관에서 일한 것도 1971년도이다. 옛 감옥터 박물관은 창건 이후 안중근이라는 굵직한 역사적 과제를 둘러싸고 전문가들이 많은 관심을 기울여 왔다.

박물관의 조사와 연구를 통해 안중근의 감방이 확인되었고, 안중근의 영웅적 행위를 정확히 확인되었다. 마찬가지로, 안중근의 유해 발굴 연구에서도 중국학자들은 항상 과학적인 태도를 유지하였다. 끊임없이 사회적 조사와 연구를 진행하고 있다. 그중에서도 남북 관련 분야와 여러 차례 협력 조사를 진행했다.

1986년, 우리는 국가(중국) 관련 부서의 승인을 받아 조선민주주의인민공화국 외무성 아시아국 부국장 주진극(朱轸极)이 이끄는 조사단을 맞이했다. 공동 조사에서는 양측이 4차례의 대중 좌담회를 조직했으며, 총 47명이 참석했다. 당시 좌담회에 참석한 사람 중에는 80세 이상의 고령자 중 여러 명이 교도소 옛터 주변에 거주하고 있었다. 현지에서 근대 역사 연구에 오랫동안 종사해 온 전문 학자들도 있었다. 좌담회와 현지 조사를 통해 중국과 북한은 안중근 유해 발굴 연구에 어려움이 있다는 데 의견을 같이했다.

  2006년 6월 7일부터 10일까지 중국 정부의 승인을 받아 남북 양측은 공동으로 팀을 구성하여 뤼순에 와서 안중근의 유해 매장지에 대한 새로운 조사 연구를 진행했다. 조사의 근거는 한국의 저명한 학자 최서면(崔书勉) 선생이 제공한 역사 사진을 중심으로 한 것이다. 하지만 실제 조사에서 한국 측은 이전에 제공된 경위 좌표를 완전히 부인하며, 유해 매장지가 감옥 당시의 벽돌 가마 공장 위치에 있다고 매우 고집스럽게 주장했다. 중국 측 조사 참여자들의 다른 의견은 최서면 선생에게 거칠게 거절당했다.

  2008년 봄, 한국 측이 인정한 유해 매장지는 정부가 민간 주택 개발 및 건설을 위해 지정됐다. 한국 측은 소식을 접한 후 중국 정부와 긴급히 소통하였고, 동의를 얻은 후 한국 정부는 국가보훈부(당시 국가보훈처) 이병구(李秉九) 국장을 단장으로 하는 16명의 발굴조사단을 구성하여 3월 25일 뤼순에 도착하여 한국 측이 정한 장소에 대한 탐사 발굴을 시작했다. 전체 발굴 작업은 중국 측의 적극적인 협조로 4월 27일에 종료되었다. 이번 발굴로 〈안중근 의사 유해 발굴 보고서, 安重根义士遗骸发掘报告书〉가 발간됐다.

  이번 대규모 발의 결과는 중국 측의 예상 범위 내에 있었다.(즉 실패가 처음부터 예견되었다.) 발굴 후 한·중 교류 총결산 회의에서 나는 매우 진지하게 언급한 바 있다. 안중근 유해 발굴 연구에서 우리는 모든 감정적 색채를 버리고 엄격하고 과학적이며 공정한 태도를 엄격히 준수해야 한다. 그렇지 않으면 우리는 인위적으로 만든 오해와 수렁에 빠져 헤어 나오기 어려울 것이다. 동시에, 과학 연구에서 우리는 성급한 이익 추구를 버리고, 경솔한 태도와 학풍에 입각해야 한다.

물론 이번 발굴이 끝난 후에도 중국 측은 이 분야의 작업을 멈추지 않았다. 심도 있고 세심한 사회 조사를 거친 후, 2008년 10월 16일에 우리는 교도소 옛터 북서쪽 샤오포타이산(小炮台山) 묘지를 탐사했다. 유감스럽게도 이번 야외 작업도 아무런 결과가 없었다. 하지만 나중에 요약할 때, 우리는 이번 탐사의 경위도 좌표가 이전에 한국 학자 최서면이 제공한 위치와 거의 일치한다는 것을 발견했다. 우리가 탐사한 위치는 북위 38도 49분 49시 3초, 동경 121도 15분 17시 6초이다. 최 씨가 그 해 제공한 데이터는 북위 38도 49분 3초, 동경 121도 15분 43초. 이번 탐사 결과에서 가장 큰 수확은 최서면이 보유하고 있던 당시 일본 교도소 관리자가 진행한 귀신을 쫓는 의식 행사 사진의 위치를 확인한 것이다.(즉, 재감자 추조회 사진을 의미한다)

2. 현재 안중근 정신을 통한 배움은 무엇인가?

안중근 의사가 풍운(風雲)이 감도는 동북아 근대역사 속에서 행한 천지개벽의 위대한 의거는 사람들의 입에서 대대로 전해져 내려오고 있다. 오늘날 사람들은 안중근에 대한 연구를 할 때 유해 발굴에만 초점을 맞춰서는 안 될 것 같다. 유해 발굴도 중요하지만, 안중근 의사의 위대한 헌신을 이어받아 '동양평화' 사상을 널리 알리는 것이 우리와 후손들이 감당해야 할 불멸의 사업이다.

오늘날 안중근 의사에게 배워야 할 점은, 개인적으로는 크게 네 가지라고 생각한다.

첫째, 우리는 안중근의 "천하 흥망에는 모든 사람에게 책임이 있다."라는 애국심을 배워야 한다. 조선 반도가 제국주의 열강에 의해 무참히 짓밟히고 유린당했을 때, 안중근은 민족의 책임을 저버리지 않고 멀리 중국에 가서 구국의 길을 찾았고, 귀국 후에는 교육을 설립하여 교육을 통해 민족의 인지력을 높였으며, 결국 혁명의 무장으로 제국주의 침략에 반대하는 의병의 길을 걸었다. 안중근의 이러한 강한 애국심은 그 자신의 웅장한 애국주의의 장을 열었다.

둘째, 우리는 안중근의 "죽음을 두려워하지 않고, 죽을지언정 굴복하지 않겠다."라는 민족적 기개를 배워야 한다. 이토 히로부미를 사살하기 위해 그는 단지 동맹을 조직하여 단지로 민족 독립을 추구하겠나고 맹세했다. 블라디보스토크에서 하얼빈으로 건너와 장부가 노래를 쓰고, 경비가 삼엄한 하얼빈역에서 이토 히로부미를 주살하는 쾌거를 꿋꿋하고 침착하게 완수하여 "대한 만세"를 외치며 체포되었다. 일본

검사의 질문에 단호하게 이토 히로부미의 15가지 죄악을 규탄했다. 안중근 의사의 의거는 한반도 백의민족의 위엄과 불굴의 당당함을 드러냈다.

셋째, 우리는 안중근의 '폭력을 두려워하지 않고 끝까지 혈투하는' 영웅적인 기개를 배워야 한다. 안중근은 하얼빈 의거 후 뤼순 감옥으로 압송되었다. 뤼순감옥에서 보낸 시간은 114일, 하지만 바로 이곳에서 그는 의연하게 여러 차례 적과 싸웠고, 200여 점의 유묵을 집필하여 천고불후의 명작 ≪동양평화론≫과 자서전 ≪안응칠역사≫를 남겼다. 이것들은 모두 안중근의 영웅적인 담력과 끈질긴 투쟁 정신을 드러낸다.

넷째, 우리는 안중근의 '칠전팔기, 끈기' 필승 신념을 배워야 한다. 안중근은 민족의 독립과 행복을 위해 조국과 멀리 떨어져 있을 때나 교육을 시작할 때나 의병 운동에 참여할 때 항상 높은 투지로 가득 차 있었다. 절대로 패배하지 않고 포기하지 않았으며, 그의 마음속에는 항상 필승의 신념이 가득했다. 형장의 마지막 순간에도 한 전사의 책임을 잊지 않고, "나라를 위해 헌신하는 것은 군인의 본분이다."라는 명언을 썼다. 그는 동생에게 진심으로 말했다.

"내가 죽은 후, 나의 뼈를 하얼빈 공원에 묻어 달라, 국가 주권이 회복한 후에 조국으로 돌아가길 바란다. 나는 천국에 가서도 나라의 독립을 위해 노력할 것이다. 너희들은 돌아가서 모든 사람이 국가의 책임을 지고 국민의 의리를 다하며, 마음을 합쳐 공을 세우고 실업을 실현해야 한다고 알려라. 대한독립의 외침이 하늘나라에 전해질 때 환호하고 만세를 부르리라."

안중근의 헌신과 그가 주창한 동양평화사상은 인류의 진보를 위한 투쟁의 끊임없는 원동력으로 오늘날 민족의 독립과 자존, 자강을 위해 투쟁하는 모든 이들을 고무시키는 기치가 되었다.

3. 향후 안중근 연구에 대한 조언

안중근 유해 발굴에 대한 건의는, 현재 안중근 유해 발굴 연구는 어떤 개인도, 어떤 사회단체도 정상적으로 진행할 수 없다. 중국 정부와 한국 정부의 공동 지원이 있어야 효과적으로 진행될 수 있다. 따라서 한국 정부가 중국 정부와 의견을 같이해 한·중 혼성 실무위원회를 구성하고 양측이 전문가로 지정해 유해 조사 연구를 추진할 것을 권고한다.

안중근의 평화와 사상의 발전을 위한 연구 제안은, 전술한 대로 안중근에 대한 연구는 유해의 발굴에만 초점을 맞춰서는 안 된다. 안중근 사상에 대한 연구를 통해 후대 사람들이 인류의 평화에 끊임없이 기여할 수 있도록 격려하는 것이 중요하다. 황기철(黃基铁) 선생의 노력으로 안중근 정신을 기리기 위한 한·중 민간위원회가 설립되고 여러 차례 학술 토론회가 열린 것을 기쁘게 생각한다. 한국 학자 김월배 선생은 심층 조사를 바탕으로 여러 연구 논문을 발표하여 이 연구가 지속적으로 심화되고 있다. 이를 바탕으로 한·중·일, 러시아 등의 학자들이 참여하여 안중근 사상의 풍부한 함의를 발굴하고, 안중근이라는 위대한 이름을 세계적으로 더욱 높여 동양평화사상을 세계에 널리 알리고 발전시켜야 한다.

学习安重根的献身精神 弘扬"东洋平和"思想[18]
—兼叙对安重根遗骸的寻访调查—

2025年是朝鲜半岛民族英雄安重根在哈尔滨击毙日酋伊藤博文116周年的纪念日。时间虽已悄然过去一百余年,但安重根伟大的献身精神至今仍被一切追求民族独立和自由解放的人们所敬仰。他的名字依然如同高山翠柏与日月同辉,与江河同在。我们经常说到:一个民族不能没有英雄,一个国家不能没有先锋。没有英雄的民族是非常可悲的;没有先锋的国家也是没有希望的。在东北亚乃至世界的近代史上,安重根是真正的民族英雄,他的伟大的献身精神是值得人们歌颂与弘扬。

今天我在这里着重谈三个问题:

我所经历的对安重根遗骸的寻踪调查。

我们今天要学习安重根的精神所在。

对今后开展安重根研究的建议。

首先谈第一点,我所经历的对安重根遗骸的寻踪调查。

1910年3月26日上午10时许,安重根在旅顺监狱英勇就义。其后对其

---

[18] 王珍仁(前 旅顺日俄监狱旧址博物馆 副館長)

遗骸的埋葬地点，日本殖民当局对外没有留下任何的消息。后续的人们只是从当时的一些媒体的消息报道中，隐约可知其遗骸是埋在旅顺监狱的公共墓地。旅顺日俄监狱旧址博物馆创建于1971年。我本人参加博物馆的工作也是在这一年。监狱旧址博物馆自创建后，专业人员围绕安重根这一重大历史课题始终给予了很大的关注。通过我们的调查与研究，初步确定了安重根在狱中后期的牢房，考证出安重根当年英勇就义的确切位置。同样，在对安重根遗骸寻踪研究上，中国学者也始终坚持科学的态度，不断地进行社会调查和研究。其中还与朝韩相关方面进行过多次地合作调查。

1986年时，经过国家有关部门的批准，我们接待了来自朝鲜民主主义共和国外务省亚洲局副局长朱轸极所率领的调查团。在这次联合调查中，双方组织了4次群众座谈会，共计有47人参加，当时参加座谈会的人员中有多位年龄在80岁以上，而且就住在监狱旧址周边的老人；也有本地常年从事与近代历史研究的专业学者。通过座谈和实地的考察，中朝双方一致认定，在安重根遗骸寻踪的研究工作上存在着一些难以逾越的困难。

2006年6月7日至10日，经过中国政府的批准，朝韩双方共同组团来到旅顺就安重根的遗骸埋葬地进行新一轮的调查研究。此次调查的依据是围绕由韩国知名学者崔书勉提供的一张历史照片开展的。但在实际的调查中韩方彻底否认了前期所提供的经纬坐标，非常固执地的认定遗骸埋葬地就在监狱当年的烧砖窑厂位置上。中方参与调查人员的不同意见也被崔书勉粗暴的拒绝了。

2008年春天，韩方所认定的遗骸埋葬地被政府挂牌用于民用住宅的开发建设。韩方在获悉消息后，紧急与中国政府进行沟通，在获得同意后，韩国政府组成以国家报勋处李秉九局长为团长的16人发掘考察团于3月25日抵达旅顺，开始对韩方所确定的地点进行勘探发掘。整个发掘工作在中方的积极配合下于4月27日结束。在此次的发掘后，韩方出版了一本《安重根义士遗骸发掘报告书》。

这次大规模的发掘，其结果是在中方的预料之中。在发掘后的中韩交流总结会议上，我曾非常认真地谈到：在对安重根遗骸的寻踪研究中，我们必须抛弃一切感情色彩，必须严格遵守严谨科学公正的态度，否则我们就只能陷入到人为制造的误区和泥潭之中，难以自拔。同时，在科学研究中我们应当摒弃急功近利，介于一种浮躁的态度与学风。

当然，在这次发掘结束后，中方并没有停止这方面的工作，在经过深入细致的社会调查后，在2008年的10月16日，我们对监狱旧址西北方向小炮台山的一处传说中的墓地 做出勘探。非常遗憾这次野外作业同样也是没有任何的结果。但在后来的总结时我们意外的发现这次勘探的经纬度坐标与此前韩国学者崔书勉所提供的位置几乎一致。我们勘探的位置是北纬38度49分49点3秒， 东经121度15分17点6秒。崔书面当年所提供的数据是：北纬38度49分3秒，东经121度15分43秒。这次勘探结果最大的收获就是确定了崔书勉所持有的当年日本监狱管理者所举行驱鬼仪式活动照片的的位置。

二、在今天我们要向安重根学习什么？

安重根义士在风云变幻的东北亚近代历史中所做出的惊天地泣鬼神的伟大义举，一直在人们的口中代代相传。今天人们在对安重根进行的研究的时候,似乎不应该仅把重点放到对遗骸的寻找工作上。遗骸的寻找是重要的,但更重要的是我们要把安重根的伟大的献身精神传承下去,把他的"东洋平和"思想弘扬开来这才是我们及后来人所应承担的一项不朽的事业。

我们今天向安重根学习,我个人认为主要有以下四点:

一、我们要学习安重根那种"天下兴亡,匹夫有责"的爱国情怀。在朝鲜半岛惨遭帝国主义列强践踏蹂躏的时候,安重根不负民族的责任,远赴中国寻求救国之道,回国后兴办教育,以教育为途径,提高民族的认知力,并最终走上以革命的武装反对帝国主义侵略的义兵道路。安重根这种强烈的爱国情怀,谱写了他自己壮丽的爱国主义篇章。

二、我们要学习安重根"视死如归,宁死不屈"的民族气节。为了击毙伊藤博文,他组织断指同盟,以断指宣誓要寻求民族独立。他从海参崴来到哈尔滨,写下"大丈夫歌",在戒备森严的哈尔滨车站,坚定沉着地完成击毙伊藤博文的壮举,高呼"大韩民族万岁"从容被捕。面对日本检察官的问话,他出口成章,侃侃而谈,鞭挞伊藤博文15条罪状。安重根的义举,彰显出朝鲜半岛白衣民族威武不屈的浩然正气。

三、我们要学习安重根"不畏强暴,血战到底"的英雄气概。安重根哈尔滨义举后,被押解到旅顺监狱。在旅顺狱中只有短短的114天。但就是在这里,他大义凛然,屡屡舌战敌寇,执笔劲书200余幅汉文经典绝句,留下千古不朽的名著《东洋平和论》和自传《安应七历史》。这些无不彰显出安重根的英雄虎胆,顽强抗争的伟大的斗争精神。

四、我们要学习安重根"百折不挠,坚忍不拔"的必胜信念。安重根为了民族的独立与幸福,不论是在远离祖国,还是在兴办教育,参加义兵运动,总是充满了高昂的斗志,从不言败,从不放弃,在他的心中总是充满了必胜的信念。哪怕就是在走上刑场的最后时刻, 他也没有忘记一名战士的责任,他写下力透纸背的名言"为国献身,军人本分"。他深情的告诉他的弟弟"我死了之后, 希望把我的遗骨埋在哈尔滨的公园旁, 等我们恢复国家主权后返葬到祖国。我到天国后仍会为国家的独立而努力。你们回去后向同跑告知,每一个人都应负国家的责任,尽国民的义力,合心合力创下功劳,实现实业。当大韩独立的呼声传到天国的时候,我会欢呼,高唱万岁"。安重根的献身精神和他所倡导的东洋平和思想是指引我们为人类的进步而奋斗的不竭动力, 成为鼓舞今天一切为民族的独立和自尊、自强而奋斗的人们的一面旗帜。

三、对今后安重根研究的建议

对安重根遗骸寻踪的建议。在当下, 开展对安重根遗骸的寻踪研究,任何个人和任何的社会团体都无法正常推进。必须要取得中国政府与韩国政府的共同支持, 方能得到有效地开展。因此建议韩国政府能够与中国政府达成一致意见,组建中韩混合工作委员会,由双方指定专家组成,以此推动遗骸的调查研究。

对开展安重根平和思想的研究建议。我刚刚说过, 我们在对安重根研究的时候不能把视野只放在遗骸的寻踪和发掘上。重要的是要开展对安重根思想的研究, 以此不断的激励后来的人们不断地为人类的和平做出贡献。非常高兴地看到,在黄基铁先生的努力下,成立了弘扬安重根精神韩中民间委员会,并已经召开了数次的学术研讨活动。韩国学者金月培先生在深入调查的基础上已经发表了多部研究专著, 使得这项研究不断地走向深入。我们要在此基础上，吸收更多的有志于这方面研究的中日韩及俄罗斯等国家的学者共同参与，不断的发掘安重根思想的丰富的内涵，使安重根这一伟大的名字在世界范围内得到进一步的提升，让安重根的东洋平和思想在世界的范围内得到弘扬和发展。

제3부

위원회

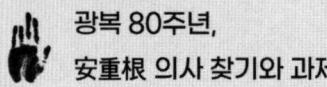
광복 80주년, 安重根 의사 찾기와 과제

제14장
안중근의사찾기 한・중민간상설위원회
(弘扬安重根精神韩中民间委员会)
설립 및 주요일지

설립

　1879년 9월 2일 안중근은 황해도 해주에서 태어났다.[1] 1909년 10월 26일 하얼빈역에서 일본 제국주의의 상징적 인물인 추밀원 의장 이토 히로부미를 주살한, 하얼빈 의거를 하였다. 정의로운 거사라고 한다. 1909년 12월 27일 사카이 경시 제12회 신문 시 안중근 의사는 하얼빈

---

1 안중근(1879~1910), 황해도 해주부 광석동 출생, 1894년 신천 의려군 선봉장, 1897년 홍석구 신부 도마로 세례, 1899년 만인계 채표회사 사장, 1905년 독립기지 건설을 위해 산동반도 상하이 고찰, 1906년 삼흥학교 설립, 돈의학교 인수하여 교장, 1907년 서북학회 가입, 국채보상운동 참가, 석탄 삼합회 설립, 1908년 연해주 의병투쟁, 1909년 일심회 발기, 단지동맹, 1909년 10월 26일 이토 히로부미 주살, 안중근 소회 제출, 1910년 2월 동포에게 고함, 3월 ≪안응칠 역사≫ 탈고, 미완성 ≪동양평화론≫ 저술, 3월 26일 뤼순 순국, 대한독립과 동양평화를 위해 일생을 바치셨다.

공원, 이토 죽인 곳에 묻어줄 것을 원한다고 밝혔다.

"사람들 중 혹자는 나에게 암살 자객의 이름을 붙이는 자가 있느냐고 묻곤 하는데 그 말은 무례하다. 나는 정정당당하게 이토의 한국 점령에 대항한 지 3년, 각지에서 의로운 군대를 일으켜 고군분투 끝에 마침내 하얼빈에서 승리를 거두어 그를 죽인 독립군의 대장으로 여기에 모든 것을 걸었던 터이다. 하얼빈에서 이득을 올린 독립군의 공명정대한 행동은 아마 각국 사람들의 시인을 얻을 수 있을 터, 바라는 바는 이 땅에 시신을 묻어 평소의 뜻을 관철하고 커다란 국기를 높이 걸어 빛을 발하도록 하는 것이다."

1910년 3월 10일 안정근, 안공근 동생에서 최후의 유언을 남기셨다.

"내가 죽거들랑 나의 뼈를 하얼빈 공원에 묻었다가 주권이 회복되면 고국으로 반장해 다오. 나는 천국에 가서도 또한 마땅히 우리나라의 회복을 위해 힘쓸 것이다. 너희들은 돌아가서 동포들에게 각각 모두 나라의 책임을 지고 국민 된 의무를 다하며 마음을 같이하고 힘을 합하여 공로를 세우고 업을 이르도록 일러다오, 대한 독립의 소리가 천국에 들려오면 나는 마땅히 춤추며 만세를 부를 것이다."

1910년 3월 25일 안정근과 안공근은 안중근 의사 최후 면회를 마쳤다. 애석하게도, 1910년 3월 26일 안중근 의사는 순국하셨다. 관동도독부 감옥서는 안중근 유해를 비밀리 매장하였다. 두 동생이 안중근 의사 유해를 돌려달라고 했으나, 관동도독부 감옥서는 강제로 안동(단동)을 통하여 강제 귀국 조치를 하였다.

그 후 115년이 흘렀다. 안중근 유해를 발굴하기 위하여, 한국, 중국, 북한은 같이 노력하였다.

1986년 북한은 안우생(안중근 조카)을 포함한, 5명을 뤼순에 보내서 안중근 유해 발굴을 했으나, 찾지 못하고 돌아갔다. 2006년 한국과 북한은 안중근 유해 위치를 확인하기 위하여 공동조사단을 파견하여 4곳에 걸친 조사를 하였다. 그리고 뤼순감옥[2] 뒤쪽 위안바오산(元寶山)을 확정하고 돌아갔다. 2008년 한국과 중국이 안중근 의사 유해 발굴을 위하여 위안바오산(元寶山)을 발굴하였으나 모시지 못했다. 그 후 한국과 중국은 '선자료 후발굴'로 돌아섰다. 2008년 중국 단독으로 샤오포타이산을 발굴하였으나 생토만 나왔다. 2010년 안중근 의사 유해 발굴단을 설립하였다. 그 후 15년이 흘렀다. 결과는 빈손이다. 그나마 2015년 국가 보훈부 담당자 2명과 한국 외교부 참사관, 안중근 유해발굴 전문가, 본 위원회 이사 김월배가 참여하여 중국 외교부에 안중근 유해발굴 방법으로 지표 투과 조사(GPR)를 제안하였다. 중국에서는 북한과 같이 협의하여 올 것을 요구했다. 이후 정부 차원의 안중근 유해 발굴은 정치적, 외교적 부침에 따라 냉온을 오고 가고 있다.

　그 후, 2023년 5월부터 황기철 전 국가 보훈처장(현 국가 보훈부)과 본 위원회 김월배, 김이슬 등이 뤼순일아감옥구지박물관[3] 저우아이민

---

[2] 뤼순일아감옥구지박물관은 다롄시 뤼순구구 샹양가 139호에 있다. 1902년에 러시아가 건립하였으나, 1907년 일본이 접수하면서 확장했다. 면적 2만 6천 평방미터, 감방 275, 암실 4, 공장 15개, 동시 수감인원 2000여 명이 넘는다. 감옥 외부에는 벽돌공장, 임업장, 과수원, 채소재배지, 감옥묘지가 있다. 1945년 8월 일본이 투항하면서 감옥은 해체되었다. 1971년 7월 6일 박물관으로 개방하였다. 안중근 의사가 1909년 11월 3일부터 1910년 3월 26일까지 수감되고 순국된 곳이다.

[3] 뤼순일아감옥구지박물관의 명칭은, 1907년 11월 관동도독부감옥서, 1920년 관동청 감옥, 1926년 관동청 형무소, 1936년 12월 관동형무소, 1939년 뤼순형무소, 1971년 7월 제국주의 전람관, 1983년 6월 뤼순제국주의 침화유적 보관소, 1992년 8월 뤼순일아감옥구지진열관, 2003년 5월 뤼순일아감옥구지박물관, 그리고 다롄시 근대사 연구소 명칭 변

부관장을 만나 의견을 청취하고, 현장을 방문하였다. 이후 안중근 유해발굴에 대한 민간의 적극적 역할이 필요함을 공감하였다. 황기철 이사장은 베이징을 방문하여 베이징 주재 기자들에게 2006년 안중근 유해발굴 당시 위치가 잘못 선정되었음을 피력하였다. 관동도독부 감옥서 소장(일명 뤼순감옥) 구리하라의 딸 이마히 후사코가 전해준 1911년 전사자 추도회 사진에 근거하였다. 2006년 남북한 안중근 유해 위치 선정과정에서 뤼순감옥 전문가인 저우샹령(초대관장), 왕젼련(전 부관장 겸 본 위원회 이사)의 반대가 있음을 확인하였다. 황기철 이사장은 안중근 유해 유력한 곳으로 둥산퍼(뤼순일아감옥구지 박물관 공동묘지)를 선정하였다.

2023년 5월부터 준비 기간을 거쳐, 2023년 9월 6일 안중근 의사 유해발굴을 위한 민간 단체를 설립하였다. '안중근의사찾기 한·중민간상설위원회'이다. 원래 '안중근유해발굴 한·중민간상설위원회' 명칭이었다. 중국측 이사 왕젼련에 중국인의 입장을 고려하여 직접적 표현보다는 안중근 사상을 같이 포함하자는 의견을 제시하여 한국어는 '안중근의사찾기 한·중민간상설위원회', 중국어로는 '弘扬安重根精神韩中民间委员会'로 명칭이 바뀌었다. 한국 측 참여자는 안중근 유해발굴 전문가, 역사학자, 담당 공무원 역임, 변호사, 전 예비역 장성, 현장 전문가, 다롄지역 인원이 적극적으로 참여하였다. 중국 측 참여자는 뤼순지역 안중근 전문가, 뤼순감옥 전 근무자, 둥산퍼 지역 평생 거주이며 유물 수장가, 안중근 전 기념관장, 외교전문 교수, 일본 전문 중국학

경하여 현재에 이르고 있다. 안중근 의사 순국 당시 명칭은 관동도독부 감옥서이다.

자, 한국 전문 중국 교수 등이 참여하고 있다. 베이징, 상하이, 뤼순, 웨이하이, 하얼빈 지역이다.

2023년 9월 6일, '안중근의사찾기 한·중민간상설위원회'는 현판식을 낙성하였다. 안중근 유해발굴과 선양을 위한 사업계획을 수립하였다. 안중근 유해발굴 후보 지역을 조사하였다. 그리고 안중근 매장지를 주장하는 사람들의 견해를 조사하였다. 한국 정부에서 선정한 안중근 매장지 3곳의 선정 경위나 현황을 조사하였다.

➡ '안중근의사찾기 한·중민간 상설위원회' 현판식

➡ '안중근의사찾기 한·중민간상설위원회' 현판식 단체 모습

➡ 서울 개최 '안중근 의사 찾기 경과와 과제' 국제 세미나

2023년 11월 17일, 서울 국민대학교에서 '안중근 의사 찾기 경과와 과제'로 국제 세미나를 하였다. 한국 전문가, 일본 전문가, 중국 전문가가 그리고, 100여 명의 학생과 시민들이 참가하였다.

　2024년 6월 28일부터 30일까지 3일간, 중국 상하이 외국어 대학교 송장캠퍼스에서 한·중 국제 세미나를 개최하였다. '안중근 애국정신 선양 및 한·중 관계 강화' 주제로, 한국측 전문가, 중국측 전문가 특히 중국 측에서는 전 주한 중국대사, 상하이 국제 문제 연구소, 상하이 외국어 대학 한·중·일 연구센터, 동제대학, 상하이 이공대학 등 다양한 전문가가 모여 토론하였다. 그리고 상하이 지역의 안중근 가족 유적지와 당시 매장지, 그리고 대한민국 임시정부, 상하이 루쉰공원 매헌 윤봉길 사적지를 탐방하여 추념하였다.

➡ 상하이 개최 국제 세미나

그리고, 2024년 12월 3일부터 5일까지, 안중근 순국지인 다롄에서 국제학술대회 및 답사를 수행하였다. 뤼순감옥일아감옥구지 공동묘지인 둥산퍼의 답사, 다롄 영사관에서 개최한 안중근 국제 학술대회를 참여하였다. 안중근 유해발굴에 대한 방향을 제고하는 중요한 의미를 가졌다. 중국 측에서 뤼순일아감옥구지 박물관에서 직접 안중근 의사 유해발굴에 참여한 담당자의 발표와 방안, 한국측에서는 본 위원회 이사는 물론, 한국안중근의사기념관, 국가보훈부 주무담당자 들이 참여하였다. 다롄시 재외국민과 재외동포가 참여하여 높은 관심을 받았다.

➡ 다롄에서 수행된 안중근 유해발굴 국제 세미나

한국 서울, 중국 상하이, 중국 다롄에서 안중근 유해발굴 세미나를 개최와 참여는 새로운 방향을 마련하였다. 대한민국 정부는 2010년 정부 주무부처 국가보훈부 중심의 '안중근유해발굴단'에서 방향을 전환하였다. 광복 80주년을 맞아 국가보훈부는 정부 업무보고에서 '안중근 유해 발굴 민관 실무위원회'로 민간의 역할을 주문하였다. 또한 2025년 3월 26일 중국 뤼순에서 열린 '안중근 의사 순국 115년 추념식'에서 국가 보훈부에서 차관이 참여하는 정부 차원이 격상되는 쾌거의 견인차 역할을 하였다.

안중근 의사 유해발굴은 대한민국 국민이라면 마땅히 해야 할 당위성이다. 역사는 반복이 된다. 100년 전 대한제국이 일제에 의해서 국권이 유린되고 주권을 상실했던 것처럼 역사가 반복될 수 있다. 국난을 당했을 때 하나밖에 없는 목숨을 바쳐 살신성인 정신으로 희생하신 분들에게 국가가 나서서 그분들의 유해를 찾지 않는다면, 또 그분들의 희생을 기리지 않는다면 앞으로 미래 세대에 누가 국가를 위해서 안중근 의사와 그 외 수많은 순국선열들처럼 나설 것인가?

안중근 의사 유해발굴은, 안중근 의사 유언을 넘어, 미래에 대한민국이 어려워졌을 때, 또 다른 구국 의지를 떨치고 일어서야 할 국민 된 의무이다. 안중근 의사 유해발굴과 사료를 찾는 일은, 안중근 의사 후손인 우리의 도리이자, 주권국가 대한민국 국민의 무한책임이다.

한국 국민과 중국 국민에게 안중근 의사 유해 발굴 당위성을 알리고 있다. 또한 뤼순지역에 안중근 동양평화공원, 안중근 유해발굴 사료조사, 한국 정부와 유기적으로 '안중근 유해 발굴 민관실무위원회'에 참여하면서, 안중근 유해발굴을 주도하고 있다.

주요일지(연혁)

1. 기초 조사
- 2023년 5월 15일 뤼순감옥일아감옥구지 부관장 면담, 현황 청취
- 2023년 5월 16일 안중근 유해 매장 추정지 3곳 조사
- 2023년 5월 17일 대한민국 다롄 영사 출장소 소장 면담
- 황기철, 김월배, 김이슬, 홍정모 참여

2. 주비위원회
1차) 2023년 6월 14일, 여의도, 황기철, 김용달, 황선익, 김월배, 임성현 참석

2차) 2023년 7월 12일, 국민대학교 부총장 면담
사무실 상황 준비 점검 : 황기철, 황선익, 박소희, 김월배 배석

3차) 입회 신청서 접수: 한국 측 발기인, 중국측 발기인 전원 자필로 작성 수집
중국 현지 상하이 황기철, 하얼빈과 뤼순, 웨이하이 지역 김월배 수집

4차) 정관 작성 : 김진기 변호사

3. 발기인 대회 및 총회

- 2023년 8월 21일, 여의도, 총회 및 발기인 대회, 이사장, 이사 선출, 정관 인준, 명명 확정

  이사장 황기철, 한국측 이사 김태성, 이사 임성현, 이사 김용달, 이사 김진기,

  이사 김월배, 이사 황선익, 이사 김이슬, 이사 홍정모

  　　　중국측 이사 수하오, 렌더쿼, 캉웨화, 손젠쥰, 왕졘련, 팡슈위

  　　　　　　판마오중, 위위엔춘

  간사 박소희

4. 설립

1) 사무실 공사
- 국민대학교 성곡 도서관 508호
- 집기 및 비품

2) 현판식 준비
- 참석자, 식순, 식당 준비, 리플렛 작성(한·중 언어), 현판 작성

3) 창립
- 사무실 : 서울 성북구 정릉로 77 국민대학교 성곡도서관 5층 508호
- 창립: 2023년 9월 6일 (수) 11시

- 현판식, 창립사(이사장 황기철)
　　　　축사1(국민대학교 이사장 김지용 고문),
　　　　축사2(안중근 유족 안기영 여사), 국민대학교 박물관
　　　　장, 한국학 연구소장, 홍보실 등
- 임명장 제공(한·중), 단체 사진 촬영

5. 진행

1) 1차 이사회 개최
- 2023년 9월 6일 사무실
- 2023년 주요 업무 소개
- 참석자: 황기철 이사장, 김지용 고문, 김진기 감사,
　　　　임성현 이사, 황선익 이사, 김용달 이사,
　　　　김월배 이사, 김이슬 이사, 박소희 간사

2) 2차 이사회 개최
- 2023년 10월 24일, 상연재 본점 2층(성공회 2층)
- 제1차 국제 세미나 준비 상황
  • 참석자: 임성현 이사, 김용달 이사, 황선익 이사,
　　　　김월배 이사, 박소희 간사

3) 제1회 국제 학술회의
- 일시: 2023년 11월 17일

- 장소: 국민대학교 본부관 학술대회장
- 주제: 안중근 의사찾기 경과와 과제
- 참석자 : 황기철, 김태성, 임성현, 김월배, 황선익, 캉웨화, 수하오, 렌더퀴 등 50명 (국민대학교 총장, 안중근의사기념관 국장, 학예사, 안중근 홍보대사, 국민대학교 한국학연구소장 문명기 교수 및 학생, 일반 시민 등)

4) 2024년 신년교례회 및 제1회 이사회
- 일시 : 2024년 1월 22일 11시
- 장소: 서울역사 서울리에 룸
- 2024년 사업 안건 심의
- 참석자 8명(황기철, 김진기, 김용달, 황선익, 김태성, 김이슬, 김월배, 임성현, 박소희)
- 안중근의사찾기 한·중 민간 상설위원회 부 이사장 김태성 참석자 전원 추대

5) 다롄한국인(상)회 협약식
- 일시: 2024년 2월 14일 9시
- 장소 : 효창원 삼의사묘역 안중근 가묘
- 참석사: 위원회(황기철, 심태성, 심월배, 황선익, 심이슬, 박소희)
  중국측(고탁희 재중국한인회 총연합회장, 유대성 다롄한국인회장, 김성수 다롄한국인 잡지 편집장)

6) 업무 협의회
- 일시 : 2024년 3월 1일 13시 다롄 개발구
- 안건 : 2024년 안중근의사찾기 한·중민간상설위원회와 다롄 한국인회 업무 협의회

    2024년 본 위원회 와 다롄 한인회 협약 후속 진행 사업 내용 (안)
- 참석자: 주 대한민국 다롄 영사 출장소 (영사 우정은),

    다롄 한국인(상)회 (회장 유대성)

    민주평통 다롄지회 (회장 문성민), 안중근 의사 정신 운동 본부(본부장 박신헌)

    다롄 한국인회 잡지 (편집장 김성수),

    본 위원회 (이사 김월배), 본 위원회 (이사 김이슬)

7) 제 2회 6.26 국제 세미나 준비 모임
- 2024년 3월 21일 사무실(508호)
- 참석자 (김태성, 김월배, 황선익, 박소희)
- 세미나 발제자, 논문 제목 파악

8) 안중근 의사 순국 114주년 강연
- 2024년 3월 26일
- 장소 뤼순 관동법원
- 강연자: 김이슬 이사
- 대상: 다롄 재외국민, 한·중협회, 심양 민주평통 회원

- 주제: 안중근 의사 유해발굴 당위성

9) **국가보훈부 예우정책과의 방문**
   - 2024년 3월 29일
   - 참석자: 국가 보훈부 예우정책과장 강운철, 사무관 정영진
     본 위원회 황선익, 박소희
   - 본위원회 사무실

10) **제2회 6.29 국제 세미나 준비 방문**
   - 2024년 4월 12일 (상하이외국어 대학 송장 캠퍼스)
   - 참석자 (김월배, 렌더퀴)
   - 세미나 구체적 방안

11) **이사회 개최**
   - 2024년 5월 22일
   - 제2회 안중근 의사 찾기 국제 세미나 (상하이) 준비
   - 사무실 및 줌 병행
   - 한국 측 이사 참가 전원
     황기철 이사장, 임성현 이사, 김용달 이사, 황선익 이사, 박소희 간사 사무실 참석
     김태성 부이사장, 김진기 감사, 김월배 이사 김이슬 이사 비대면 참석

12) 안중근 의사 유해발굴 한·중 간담회
    - 2024년 6월 28일 18:00
    - 상하이 외국어 대학 송장 캠퍼스
    - 참석자
        중국: 강봉(상하이외국어대학 전임 당서기), 구국홍(주한국 전 주중대사), 수하오(베이징 외교학원 전 교수), 하립평(동제대학 교수), 렌더퀴(상하이외국어대학 교수)
        한국: 황기철, 김태성, 임성현, 김진기, 김월배, 황선익, 박소희, 여석주(객원)
    - 장소 상하이외국어대학 송장 캠퍼스
    - 안중근 의사 유해발굴 08년 중국 상황, 중국 현 입장(중앙정부, 지방정부 입장 및 뤼순 시민의 민원 북한에 대한 견해)

13) 제2회 안중근 의사 국제 세미나 (상하이)
    - 2024년 6월 28~30일 (3일간)
    - 주제: 안중근 애국정신 선양 및 한·중 관계 강화
    - 장소: 중국 상하이 외국어 대학 송장 캠퍼스 도서관 dome 회의실(上海外国语大学 松江校区)
    - 참석자
        한국: 황기철, 김태성, 임성현, 김진기, 김월배, 황선익, 김이슬, 박소희, 유대성(다롄한국인회장), 여석주(전 국방부 정책 실장)
        중국: 邱國洪(전 주한국주재중국대사, 中國前駐韓國大使),

方秀玉(푸단대학 교수, 复旦大学教授)

夏立平(동제대학 교수, 同济大学教授),

苏浩(외교학원 교수, 外交学院教授)

馬利中(상하이 대학 교수, 上海大学教授),

宗立寧(상하이이공대학 교수, 上海大学理工教授),

武心波(상하이 외국어 대학 교수, 上海外国语大学教授)

康月华(전 하얼빈안중근기념관 관장, 哈尔滨安重根纪念馆前馆长)

李开盛(상하이 국제문제연구원 부원장, 上海国际问题研究院副院长, 研究员)

廉德瑰(상하이 외국어대학 교수, 上海外国语大学中日韩合作研究中心执行主任, 教授)

姜锋(전 상하이 외국어대학전 당위서기, 上海外国语大学前党委书记)

14) 2024년 하반기 세미나 관련 간담회
- 2024년 7월 23일 14시
- 주 대한민국 다롄 영사 출장소 회의실
- 참석자: 김월배, 유대성(다롄한국인회장)
  우정은(다롄 영사 출장소 부영사)
- 2024년 10월 말 다롄 세미나 및 뤼순 방문 협의

15) 2024년 이사회 워크샵 및 간담회
  – 2024년 8월 15일~16일(1박2일)
  – 창원시 진해구
  – 참석: 황기철, 임성현, 황선익, 김월배, 김이슬
  – 일정
    8월 15일(목) 오후 진해 도착
    8월 15일(목) 저녁 이사회 및 간담회
    8월 16일(금) 오전 친목 답사

16) 안중근 순국지 국제학술대회 및 답사
  – 2024년 12월 3일~ 5일
  – 중국 다롄시
  – 일정
    12월 3일 다롄 호텔 도착
    12월 4일 오전 뤼순감옥 일아감옥구지 묘지 답사
    12월 4일 오후 국제 세미나
    12월 5일 오전 귀국
  – 참석자: 황기철, 왕견련, 김월배, 김이슬
  – 기타 기관 참석(한국외교부, 국가보훈부, 안중근의사기념관, 다롄영사출장소, 다롄한국인회, 다롄한국국제학교, 민주평통 다롄지회, 다롄 안중근 연구회 등)

17) 2024년 송년 모임
- 2024년 12월 20일 18시
- 장소 : 여의도
- 안건 2025년, 광복 80주년 사업안
- 참석: 황기철, 임성현, 황선익, 김진기

18) 신임 이사 선임
- 다롄 한인회 회장 유대성 이사로 영입
- 2024년 12월 22일

19) 2025년 신년교례회
- 2025년 2월 14일
- 2006년 남북한 안중근 유해 위치 확인 영상 시청

20) 안중근 유해발굴 민관실무 협의회
- 2025년 4월 4일
- 국가보훈부 사무실
- 참석자: 국가보훈부, 통일부, 안중근 의사 기념관,
  국가 지질자원 연구원, 외교부 등
  본 위원회 이사 황선익
- 안건: 2025년 안중근 유해 발굴 협의 및 의견 청취

[주요 구성원]

이사장　황기철, 부이사장 김태성, 감사 김진기, 고문 김지용

이　사　김용달, 임성현, 김월배, 황선익, 김이슬, 유대성, 홍정모,

이　사　수하오(苏浩), 렌더퀴(廉德瑰), 캉웨화(康月华),

　　　　왕젼련(王珍仁), 판마오중(潘茂忠), 팡슈위(方秀玉),

　　　　손젠쥰(孫建軍), 위위엔춘(于元春)

간　사　박소희

제15장
안중근 유해 연보(1879~2025)[4]

1879. 9. 2   안중근 황해도 해주 탄신

1908. 10.03~1913.02.06. 진종본파(眞宗本派) 혼간지 승려, 나가오카 카쿠쇼(長岡覺性) 관동도독부 감옥서(일명뤼순감옥) 촉탁 교회사 담당으로 안중근 수감당시 교회 수행

1909.10.26.   하얼빈 의거, 이토 히로부미 하얼빈역 주살

1909. 11. 01   오전 11시 24분 안중근 의사 하얼빈 출발 헌병 10명, 경찰관 16명

호위 11월 3일 오전 10 뤼순감옥에 도착 수감

1909. 12. 27.   사카이 경시 제12회 신문시 안중근 의사는 하얼빈 거리, 이토 죽인 곳에 묻어줄 것을 원한다고 밝힘

'사람들 중 혹자는 나에게 암살 자객의 이름을 붙이는 자가 있느냐고 묻곤 하는데 그 말은 무례하다. 나는 정정당

---

4 이 글은 김월배, 김이슬 ≪安重根, 고국으로 반장해 다오≫의 글을 확대 보완한 것이다.

당헤게 이토의 한국 점령에 대항한 지 3년, 각지에서 의로운 군대를 일으켜 고전분투 끝에 마침내 하얼빈에서 승리를 거두어 그를 죽인 독립군의 대장으로 여기에 모든 것을 걸었던 터이다. 하얼빈에서 이득을 올린 독립군의 공명정대한 행동은 아마 각국 사람들의 시인을 얻을 수 있을 터, 바라는 바는 이 땅에 시신을 묻어 평소의 뜻을 관철하고 커다란 국기를 높이 걸어 빛을 발하도록 하는 것이다.

1910. 2. 14.   관동도독부 지방법원 사형 언도

1910. 2. 22.   관동도독부 지방법원 고등법원장 히라이시 우진토(平石義人)가 외무성 구라치 데스키치(倉知鐵吉)에게 안중근 공소를 포기를 자축하며 편지를 보냄

    구라치 데스키치(倉知鐵吉) 각하 귀하

  삼가 건승과 행운이 함께 하실 줄로 압니다. 아뢸 것은 이미 배려해 주셨던 안중근 사건이 다행히 아무 사고 없이 좋은 결과로 낙착 되었으며, 이것은 귀관을 필두로 부하들의 원조에 의한 것임에 깊은 감사를 드립니다. 이에 이 안건이 종결됨에 이르러 심심한 사의를 표하며 아울러 건강을 기원하는 바입니다.

2월 22일
平石義人 올림

1910.2.22.   재 하얼빈 총영사 대리(在哈爾賓總領事代理) 영사관보(領事官補) 오노 모리에(大野守衛)가, 외무대신백작(外務大臣伯爵) 고무라 쥬타로(小村壽太郎)에게 보고

사형수 安重根에 관한 건

첩보에 따르면 이번에 뤼순 지방 법원에서 사형을 선고받은 이토공(伊藤公) 가해범 안중근의 형 집행 뒤에 그 유해(遺骸)를 인수하며 동인(同人)의 흉행지인 이곳 한국인 묘지에 후히 매장하고 한국인의 모금으로 장려한 묘비와 기념비를 건설하여 애국지사로서 일반 한국인들 숭상의 중심으로 하자는 계획을 세워 진력하는 움직임이 이곳 한인들 사이에 있다고 합니다. 이것이 단지 이곳 재류 한인 일파의 희망으로 그칠지, 바야흐로 러시아 영토에 재류하는 일반 배일 한인의 희망이 될지는 아직 알 수 없지만 상상할 수 있는 계획이라 생각됩니다. 따라서 처형 죄수의 시체 처분 방식은 물론 상당하는 소정의 절차가 있을 수 있다고 생각하지만, 혹시 이 사형수의 시체에 대해 유족들의 손에 건네준다면 어쩌면 그 못된 자들의 계획이 실현되지 않으리라 보장하기 어려우니 장래를 위해 바람직하지 않다고 생각됩니다. 그런 부분을 주의하시고 마땅히 조치해 주시기를, 이번에 만일을 대비해 말씀드립니다.

1910. 3.10   두 동생에서 안중근 유언을 남김

'내가 죽거들랑 나의 뼈를 하얼빈 공원에 묻었다가 주권이 회복되면 고국으로 반장해다오. 나는 천국에 가서도 또한 마땅히 우리나라의 회복을 위해 힘쓸 것이다. 너희

들은 돌아가서 동포들에게 각각 모두 나라의 책임을 지고 국민 된 의무를 다하며 마음을 같이하고 힘을 합하여 공로를 세우고 업을 이르도록 일러다오, 대한 독립의 소리가 천국에 들려오면 나는 마땅히 춤추며 만세를 부를 것이다.

1910.3.25.	안정근과 안공근 안중근 의사 최후 면회를 마침
1910.3.26	안중근 의사 순국
1910.3.26.	사토(佐藤) 민정장관 대리(民政長官代理)가 가와카미(川上) 총영사(總領事) 보고
	신뤼순(新旅順) 발 43년 3월 26일 오전 11:30, 도쿄(東京) 착 43년 3월 26일
	오후 3:00, '안중근 금일 사형집행함' 문건 발신함
1910.3.26.	사토(佐藤) 민정장관 대리(民政長官代理)가 이시이(石井) 외무차관(外務次官)에게'安重根 本日 사형집행, 유해는 旅順에 매장함
1910.3.26.	소노키 스에키 외무성 보고 '안중근 사형시말 보고'

    살인 피고인 안중근(安重根)에 대한 사형은 26일 오전 10시 감옥서 내 사형장에서 집행됐다. 그 요령은 다음과 같다.
    오전 10시 미조부치(溝淵) 검찰관, 구리하라(栗原) 형무소장 및 소관들이 형장 검시실에 착석한 것과 동시에 안(安)을 끌어내며 사형집행의 취지를 고지해 유언의 유무를 물어보자 이에 대해 따로 유언할 것은 아무것도 가지고

있지 않지만 원래 자신의 흉행이란 오직 동양의 평화를 도모하고자 하는 성의에서 나온 것이라 부디 금일 임검(臨檢)한 일본 행정 각부 각위도 다행히 제 마음을 알아주시고 피아 상관없이 합심협력으로 동양의 평화를 도모하실 것을 간절히 바랄 뿐이라고 말해 또 이때 동양평화의 만세삼창을 하고 싶은데 특별히 허락해 달라고 요청했으나 형무소장은 그럴 수 없다는 내용을 잘 알게끔 이야기하며 간수를 시켜 바로 흰 종이와 흰 천으로 그 눈을 가리기 시작해 특별히 기도의 허락을 주자 안은 약 2분 정도 묵도를 한 뒤 간수 두 명의 손에 끌려가 계단에서 교수대로 올라가서 조용하게 형 집행을 받았다. 시간은 10시 4분, 그 15분에 감옥의는 죽은 얼굴을 살펴 절명한 것을 보고하게 되자 여기서 드디어 집행을 끝내고 모두 퇴장했다.

10시 20분 안의 시체는 특별히 감옥서에서 맞춰 제작한 침관(寢棺)에 이를 넣으며 회색 천으로 덮어 교회당(敎誨堂)으로 옮겨졌다. 이어서 그의 공범자인 우덕순(禹德淳), 조도선(曺道先), 유동하(劉東夏) 세 명을 끌어내 특별히 예배를 하게 하며 오후 1시 감옥서 묘지에 이를 매장했다.

이날 안의 복장은 어젯밤 고향에서 온 명주 조선복(상의는 무늬 없는 흰색, 바지는 검은색)을 입어 주머니에는 성화 그림을 넣고 있었는데 그 태도는 매우 침착하며 안색에서 언어까지 평소와 조금의 차이도 없이 종용자약(從容自若, [태연하고 차분함]), 깔끔하게 그 죽음에 임했다.

또한 안(安)이 재감 중에 기고한 유고 중 전기만은 이미 탈고했지만, 동양병화론은 송론 및 각론 1설에 그치며 모두의 발고를 보기에 이르지 못했다.

위를 참고 삼아 보고합니다.

통역촉탁 통감부 통역생 소노키 스에요시(園木末喜)

1910.3.26	안정근과 안공근 안중근 의사 사형 집행후 그 유해를 넘겨받기 위해 사메지마쵸(鮫島町) 1가 16번지 바오펑객잔(寶豊客棧)에서 대기 하다가 관동도독부 감옥서에 유해를 인도 요청했지만, 거절 당한 후 강제로 안동을 통하여 귀국 당함
1910.3.27	사토(佐藤) 민정장관 대리(民政長官代理)가, 이시이(石井) 외무차관(外務次官) [安重根의 동생 2명은 사체를 인도하지 않아 불복함]
1910.3.27	오사카 마이니치 신문, '안중근의 시체는 감옥묘지에 특별히 침관에 넣어 매장" 등 12건의 일본 신문기사
1910.3.27.	〈만주일일신문, 滿洲日日新聞〉, 〈최후의 면회_중근의 유해 안중근의 최후_침관에 안치하다〉의 〈시체의 매장〉 기사
1910.3.28.	황성신문(皇城新聞), '안중근의 사형은 지난 26일 오전 10시 15분 즉 이토 공 조난하던 시간에 감옥 내에서 집행하여 10분 만에 절명되었는데 동 법원에서는 당일 오후 1시에 뤼순 감옥 묘지에 매장하였다더라.'
1910.3.30	성경시보 기사, 안중근 유해 소나무관에 안치 교회당, 3인 고별인사 뤼순감옥 공동묘지
1944.	고카하츠이치, 장혁재 뤼순형무소 의사 근무
1944.	신현만 안중근 매장지 참배 주장
1945.8.15.	광복

1945.8.22.	뤼순형무소 해체, 감옥 수감자 전원 석방
1946.	효창원 안중근 가묘 조성
1948.	김구 주석 북한 김일성위원장 만나 안중근 유해발굴 요청했으나 거절
1954	장쉐에차이 외할머니가 외할아버지께 성묘할 때 옆에 있는 조선인 묘지께도 같이 하면서 고려인 묘지를 주장
1956.	신태양사 잡지, 〈안현생의 수기(手記)〉에 의하면, 중국인들이 안중근 묘지를 찾고, 안정근이 모시기 위해 중국에 남았다고 회고록에 기록하였다.
1958.	이국성 열세 살 때 아버지(李圭一)를 따라 안중근 묘소 참배 주장
1965.3	둥산퍼 묘지 인골 발견, 6구의 사체(死體) 목통(木桶)을 발견
1971.7.6	침화죄증진열관 개관(뤼순박물관 사업부문)
1971.	둥산퍼 묘지 인골 (십여 개) 파내어, 침화죄증진열관 15공장 복원묘지와 사형장에 옮겨 대중에게 공개했다.
1976.7	이마이 후사코 동경한국연구원 최서면 원장에게 사진 2장 전달, 1911년 뤼순감옥 묘지에서 촬영한 재감사자추모회(在監死者追慕會)를 치른 후 촬영한 기념사진과 뒷산 수인묘지에서 바라본 뤼순감옥을 제공함(1906년으로 추정)
1984.8	독립기념관 추진위원회가 외국에 매장되어 있는 애국지

	사들의 묘를 국내 이장 결의하고, 가장 먼저 안중근을 염두에 두고 이장 활동을 전개한다는 기사
1985.10.18	〈경향신문〉에 '뤼순의 안중근 묘가 사라졌다.'라는 기사가 실림.

    '최근 중국을 방문하여 뤼순감옥에 들른 재미 박한식(朴漢植) 교수(조지아대)가 안 의사의 친족과 국내 학자들에게 알림으로써 이 사실이 밝혀지게 되었다. 현지를 방문한 박 교수에 따르면, 안 의사의 묘는 언제인지는 알 수 없지만, 불도저에 의해 평지로 변했고, 그 후 나무가 심어졌다고 하며, 뤼순의 지방행정과에서도 수차례에 걸쳐 안 의사의 묘를 찾았으나 발견할 수 없었다고 한다.'

1986.7.27. ~ 8.7.	북한 5명 안중근 의사 유해발굴을 위해 다롄, 뤼순, 둥산퍼 참관 조사 후 찾지 못하고 돌아감(조카 안우생 참여)
1993. 8.	한·중 외무차관 회의 시, 안중근 유해발굴 협조를 요청했으나, 중국 정부에서는 안중근 고향이 북한이라 의견을 함
1993.8.15	〈동아일보〉 '안중 의사의 유해는 찾을 수 있는가'라는 기사가 실림. '정부조사단은 현지인으로부터 공동묘지를 이장했을 대도 안 의사의 유해는 커다란 일본 간장통에 넣어서 어딘가 다른 장소로 옮겨서 많은 중국인들 사체와 동일한 장소에 묻었기 때문에, 안 의사의 유해를 찾기는

어렵다'라는 정말적인 이야기도 들었다.

1993.9.15 〈동아일보〉'안중근 의사 유해 찾는 것은 불가능'이라는 보도 실림

'북한은 이미 1970년대 중반, 중국에서 안중근 의사의 유해를 찾으려고 전반적인 노력을 기울였지만, 발굴은 불가능하다는 결론을 내렸다고 안 의사 연구에 정통한 재일동포 정치학자 김정명(金正明) 아오모리 대학 교수가 14일 밝혔다. 김 교수는 지난 1988년 중국 국제관계연구소 초빙으로 1개월간 중국 내의 안중근 의사 독립투쟁 사적을 현장 조사 했는데, 당시 뤼순박물관의 저우샹링(周祥令) 근대사 부문 주임이 이렇게 증언했다고 전했다. 저우샹링에 의하면, 북한은 1970년대 중반 〈안중근, 이토 히로부미를 쏘다〉라는 영화를 제작한 다음, 김일성 주석의 특별지시와 중국 당국의 협력에 의해 안중근 의사 유해 찾기 조사단을 중국 뤼순에 파견했다. 뤼순은 해군기지로 당시 외국인 출입이 금지되어 있었으나, 북한 측은 중국 외교부의 특별협력을 얻어 뤼순형무소의 기록 등을 검토하여, 안 의사가 매장된 형무소 주변을 조사했다. 그러나 유해 확인은 불가능하다는 결론을 내리고 귀국했다는 것이다. 또 안 의사가 처형되어 매장된 장소는 보통의 공동묘지와는 달리 커다란 구덩이를 파고 매장후, 모양을 평평하게 만든 집단 매장지였으나, 나중에 그 일대가 아파트 단지로 되었다는 것이다.

1995.4. 외무부 중국 측에 안중근 의사 유해발굴 조사 협조 요청
1998.5.9 후진타오(胡錦濤) 중국 국가 부주석 안중근 의사 유해발굴 협조 의사를 밝힘

1999.3.24~30 동경한국학연구원 하얼빈과 뤼순방문 참관

1999.10 동경한국학연구원 '안중근 의사 묘역추정위원회' 발족

1999.12.28~2000.1.2 동경한국학연구원 최서면 원장과 국제 마이크로 사진공업사, 영광그래픽 대표 함께 제1차 조사단을 형성하여, 뤼순 방문 조사

2000.1.28.~1.30 동경한국학 연구원 묘역 추정위원회 제2차 조사단 뤼순 현지 조사 수행

2000.4. 22~4.22 동경한국학 연구원 묘역 추정위원회 제3차 조사단 뤼순 현지 방문하여 GPS 사용하여 화살표 지점 위치 조사 수행

2001.1 난개발방지 "중점문물보호단위구역" 지정 "뤼순감옥구지묘지" 표지석 설치

2001. 최서면 선생 ≪안중근의 묘, 安重根の墓≫ 발간

2002.11. 국가보훈처와 국제한국연구원에서 뤼순에서 안중근 유해 매장 추정지 현장조사

2004.11. 라오스 비엔티안 제10차 아세안(ASEAN) 정상회의에서 노무현(盧武鉉) 대통령이 중국 원자바오(溫家寶) 총리에게 중국 정부의 안중근 의사 유해발굴 협력을 요청

2005.6 제15차 남북장관급회담(2005.6.21~24)에서 안중근 의사 유해발굴 사업을 남북공동으로 추진하기로 합의

2006.6.7~11. 남북한 안중근 유해 유치 확인 조사 후 위안바오산(元寶山) 결정

2007	안중근 의사 남북공동발굴 관련 실무 접촉 실시(4차)
2008	전통문 통해 안중근 의사 매장 추정지역 발굴관련 북한 측 의사 확인
2008.3.25~4.2.	한·중 안중근 유해 발굴 위안바오산(元寶山, 1차) 조사
2008.4.10~4.29.	한·중 안중근 유해 발굴 위안바오산(元寶山, 2차) 조사, 조사에 한국 측 14명, 중국 측은 4명 참여. 안중근 유해 미 발굴 후 '선자료 후발굴' 주장
2008.4.	국가보훈처는 외교채널을 통해 일본 정부에 안중근 의사 유해 관련 기록을 정식으로 요청했으나 관련 자료가 없다는 일본 측의 답만 얻었다.
2008.5	중국 뤼순감옥 단독 안중근 유해발굴 샤오포타이산 실시하였으나 생토만 나옴
2009.	EBS '안중근 유해를 찾아라' 다큐 방영
2010.2	김영광 선생 〈1910년대 안중근 의사 묘지〉 안중근 유해 조사안 기록
2010.4.1.	뤼순일아감옥구지박물관에서 다롄시 문화텔레비전영화국에 '미국고고학자 뤼순 고찰 보고에 관하여'라는 공문을 보냈다. 뤼순감옥구지역사상, 1명의 봉천(심양)맹군전부집중영(奉天盟军战俘集中营)에서 도망친 미국 사병을 수감했다. 최종적으로 뤼순에서 비밀교수형으로 사형되었다. 심양대학봉천맹군전부영연구소와 미국방면 합작을 통

하여, 사체 발굴조사를 시작하였다.

본관(뤼순일아감옥구지박물관)은 자료수집과 지식재산 보호 각도로 심양대학 참여활동을 협상하였다. 그러나 발굴활동은 성외사반의 비준을 통하여 진행되었다.

현재 성외사반의 보고서와 이 업무를 정식 시작하려고 한다. 현재 시문화국의 보고를 한다.

2010.4.	뤼순일아감옥구지박물관 둥산퍼에 대하여 심양대학봉천맹군전부집중영연구실(奉天盟军战俘集中营研究室) 양징 주임과 미국 고고학자의 지표투과레이더(GPR) 조사 수행하였다.
2010.4.	안중근 순국 100주년 계기로 '안중근의사유해발굴 추진단' 설치
2010.5.	한·중외교장관 회담 시 안중근 의사 매장 추정지역 발굴 협조 요청
2013.	국가보훈처, 중국 송경령 능원 안장 연병환 지사 등 유해 봉환 관련 협조 요청
2013.	국가보훈처와 안중근 의사기념관 공동 현지답사, 민간차원 발굴 추진 협의
2014.	국가보훈처 안중근 의사 자료 및 현지 조사 등
2014.	안중근의사기념관과 중국 지방정부(다롄시, 랴오닝성 등)에 발굴조사 협조 요청 공문 발송
2014.3.26.	김월배, 안태근 ≪안중근 의사 유해를 찾아라≫ 발간

2014.9.	제6차 안중근 의사 유해발굴 자문위원회에서 뤼순감옥 묘지 일대 지표투과조사 GPR 추진 결정
2015.	안중근 의사 자료 및 현지 조사 등
2015.3.	국가보훈처장, 주한·중국대사 면담시 안중근 의사 조사 협조 요청
2015.3.	국가보훈처장, 중국 민정부 부부장 면담시 안중근 의사 조사 협조 요청
2015.4.	국가보훈처장, 중국 외교부 부장 조리 면담시 안중근 의사 조사 협조 요청
2015.5.	김홍범은 국가보훈처 주무과장, 안중근의사숭모회 이사장을 모시고 둥산퍼를 방문하여 참배 주장
2015.8.15.	김월배 외, ≪뤼순의 안중근 의사 유해발굴 간양록≫ 발간
2015.11	국무총리, 중국 총리 면담 시 안중근 의사 조사 협조 당부
2015.11.5.	국가보훈처와 하얼빈 이공대학 김월배, 충북대학교 박선주, 한국외교부와 같이 중국 외교부 아시아사 사장 면담, 안중근 유해발굴 설명
2016.	국가보훈처 미국, 중국 지역 묘소 실태 조사, 안중근 의사 자료 및 현지 조사
2016.	뤼순감옥구지박물관과 하얼빈기념관과 상호 자료협조 등에 관한 MOU 체결
2016.6.	국무총리, 중국 랴오닝성 당서기 면담시 안중근 의사 조

	사 협조 요청
2017.	국가보훈처 미국 지역 묘소 실태조사, 안중근 의사 자료 조사 등
2018.	국가보훈처 미국, 중국 지역 묘소 실태조사, 안중근 의사 자료 조사 등
2018.	국가보훈처, 중국 송경령 능원 안장 김태연 지사 등 유해 봉환 관련 협조 요청
2018.	일본 용곡대학 안중근 동양평화론 센타에서 ≪공동연구 안중근과 동양평화:동아시아 역사를 위해 국경을 넘는 대화 共同研究 安重根と東洋平和――東アジアの歴史をめぐる越境的対話≫ 출간에서 김월배 '안중근 유해 일본은 어떻게 할 것인가' 주장
2019.	국가보훈처 중국, 러시아 및 중앙아시아 지역 묘소 실태 조사 등
2019.1. 31	운동 및 임정수립 100주년 위원회에서 남북연락사무소를 통해 북한과 공동발굴을 제안하였으나 무응답
2019.3.1.	3.1운동과 대한민국 임시정부 수립 100주년을 맞이하여 북한과 공동으로 안중근 유해발굴 사업 추진하겠다고 밝힘
2021.	김월배 ≪안중근 의사 유해발굴, 참 평화의 길이다≫ 발간
2021.11.	황기철 국가 보훈처장, 주한 중국 대사 면담시 안중근 의사 조사 협조 요청

2023.2.14.	김월배, 김이슬외 ≪유해사료, 안중근을 찾아서≫ 안중근 유해 사료집 발간
2023.3.26.	안중근 의사기념관에서 열린 안중근 의사 순국 113주기 기념식에서 당시 국가보훈부는 관련 사료를 수집하고 주변국과 협력해 유해를 속히 조국으로 모실 수 있도록 최선을 다하겠다고 밝힘
2023.4.27.	21대 국회의원 163명 '안중근 의사 유해 발굴·봉환 국회의원 모임'을 결성
2023.5.	황기철, 김월배, 김이슬 등 뤼순일아감옥구지박물관 부관장 면담 및 현지 조사
2023.5.	황기철 베이징 주재 기자 간담회
2023.9.6	안중근의사찾기 한·중민간상설위원회 설립
2023.11.2.	주 다렌 대한민국 영사출장소 안중근 유해발굴 세미나
2023.11.	안중근의사찾기 한·중민간상설위원회 서울 안중근 유해발굴 국제세미나
2024.2.22~30	김월배, 김이슬 중국 둥산퍼와 주변 묘지 전수 조사 실시
2024.4.	국가 보훈부 주무관과 사무관 뤼순 현지 방문 조사 실시
2024.6.29.	안중근의사찾기 한·중민간상설위원회 중국 상하이 안중근 유해발굴 국제 세미나
2024.11.12.	22대 국회의원 '안중근 의사 유해발굴 봉환 결성식' 개최
2024.11.28.	'안중근, 다시 평화를 외치다' 다큐멘터리에서 일본 외무

	성에 안중근 유해 정보 청구 촉구
2024.12.4.	주 다롄 대한민국영사출장소 안중근 유해발굴 세미나
2024.2.7.	대한민국 국회의장 우원식은 하얼빈에서 중국 주석 시진핑을 만남 자리에서, 우원식은 "우리 독립운동의 주 무대인 중국 내 독립 유적지 보존과 안중근 의사 유해발굴, 송환에도 진전이 있기를 바란다."라고 밝혔다. 이에 시진핑 주석은 "중국이 그동안 많은 일을 해왔다."라면서 "앞으로 안중근 의사 유해발굴에 대해 한국 측 구체적인 요구가 있으면 지속적으로 소통해 나가겠다."라고 했다.
2025.1.16.	국가보훈부 강정애 장관은 최상목 대통령 권한 대행에게, '안중근 의사 유해발굴을 위한 민·관 실무협의체' 운영으로 유해발굴의 실질적인 성과를 거두겠다고 업무보고를 했다.
2025.2.14	김월배, 김이슬은 ≪안중근, 고국으로 반장해 다오≫ 발간
2025.3.26	안중근 순국 115주년을 맞아 정부 대표단장을 국가 보훈부 차원의 차관을 파견하고 격상하였다. 이희완 차관은 "안중근 의사를 비롯한 수많은 애국선열의 생애와 정신을 기억, 계승할 수 있도록, '안중근 의사 유해발굴을 위한 민·관 실무협의체'를 구성해 운영하는 등 정부 차원에서 최선의 노력을 다할 것"이라고 하였다.
2025.8.15	안중근의사찾기 한·중민간상설위원회는 ≪광복 80주년, 안중근 의사 찾기와 과제≫ 발간

• 참고 문헌 •

[5장]

강보경(2017), 「동아시아의 지역경제통합체유형과 무역구조 분석」, 國際商學, 32(4), 215-226

고민창, 아마르자르갈 강덜거르(2022), 「동아시아 경제권의 통합과 성장: 패널자료 분석」, 한·중관계연구, 8:2, 163-182

곽배성(2019), 「외국인직접투자(FDI)에 부는 글로벌 보호주의 바람」, 포스코경영연구원, POSRI 이슈리포트

권평오·이학노(2013), 「한국 제조업 부문 해외직접투자의 수출입 유발효과에 관한 연구」, 통상정보연구, 15(3), 263-287

김기석(2017), 「경제안보연계분석: 동아시아에 대한 적실성의 점검」, 한국과 국제정치, 33(2), 1-34

김대원(2012), 「동북아 경제중심국가와 한국·중국·일본 투자협정 - 아시아 지역주의 맥락에서 -」, 경제법률, 23(1), 39-64

김봉길(2012), 「한·중·일 FTA의 필요성과 정책적 함의: 경제·지정학적 환경 변화를 중심으로」, 아태연구, 19(3), 215-246

김월배(2011), 「안중근 의사의 애국주의 경제관과 지역 경제 공동체 논의」, 紀念安重根義士義擧102周年學術研討會論文集, 松花江, 特刊, 91-97

김희태·권상집(2020), 「우리나라 핵심 산업의 지속 성장을 위한 한·중·일 수출 경

쟁력 분석 및 전략 제언」, 한국혁신학회지, 15(5), 143−181
노명환(2010), 「유럽통합 사상과 역사에 비추어 본 안중근 동양평화론의 세계사적 의의; 안중근의 동양평화론은 초국가주의 지역공동체 창설 제안?」, 국제지역연구, 13(4), 181−206
박종돈(2020), ≪Understanding international business≫, CHAEKYEARN
백우열(2022), 「경제안보 개념의 확장: 2020년대 안보 맥락에서」, 국제정치논총, 62(4), 325−364
신운용(2005), 「安重根의 '東洋平和論'과 伊藤博文의 '極東平和論'」, 역사문화연구, 23, 131−178
안중근(2019), ≪동양평화론; 비판정본≫, 독도도서관친구들
안중근(2020), ≪안응칠역사; 비판정본≫, 독도도서관친구들
안중근 의사기념사업회(2009), ≪안중근과 그 시대≫, 경인문화사
왕나사(2022), 「한·중·일 상호 의존관계 변화에 관한 연구: 국제산업연관분석을 중심으로」, 동의대학교 박사학위 논문
오영달(2016), 「안중근 평화주의의 기초: 칸트 영구평화론과의 비교 관점」, 한국보훈논총, 15(1), 7−30
윤병석(2011), ≪(한국독립운동사자료총서 제28집) 안중근 문집≫, 독립기념관 한국독립운동사연구소
이승신 외(2011), ≪대중국 경제협력 및 무역투자 활성화 방안: 내수시장 진출과 투자 활성화를 중심으로≫, 대외경제정책연구원
임반석(2014), 「TPP와 동아시아 RCEP의 경합과 보완의 가능성」, 한국동북아논총, 70, 83−112
임반석(2021), 「지역통합 관점에서 본 유럽의 과제와 동아시아의 문제」, 국제지역연구, 25(4), 89−116
宋琳琳(2023), 「RCEP框架下中日韩与东盟经贸合作研究」, 学习与探索. 2023(08), 125−131

「아시아경제」(2023.10.12.), "싱하이밍 "韓中日 협력 중요…FTA 협상 신속 추진 해야"
「쿠키뉴스」(2023.09.21.), "한·중·일 경제협력으로 전략 우위 선점해야"
「연합뉴스」(2024.04.12.), "공급망 위기시 14개국 공동대응…IPEF 공급망협정, 17일 발효"

한국과학기술정보연구원(www.ntis.go.kr)
한국수출입은행(www.motie.go.kr)
한국 외교부(www.mofa.go.kr)
KOTRA(www.motie.go.kr)
K-stat(www.stat.kita.net)
UN Comtrade(www.comtradeplus.un.org)

[12장]
김월배·김이슬 외, ≪유해사료, 안중근을 찾아서≫, 진인진 출판사, 2023년
김월배, ≪안중근 의사 유해발굴 동양평화의 길이다≫, 도서출판 걸음, 2022년
郭富純, ≪旅順日俄監獄実录≫, 吉林人民出版社, 2003년
東北地方文獻聯合目錄編輯組,〈東北地方文獻聯合目錄:第2輯 外文(日, 西, 俄)圖書部分, 1980년

国青청년보 2006년10월10일자

• 저자 소개 •

김용달(金容達, 전 한국독립운동사연구소장, 광복회 학술원장)
김월배(金月培, 하얼빈 이공대학 외국인 교수)
김이슬(金이슬, 하얼빈 이공대학 박사 수료, 전 하얼빈 이공대학 외국인 교수)
김진기(金鎭基, 법학박사, 변호사)
김태성(金泰成, 전 해병대 사령관, 현 국민대 특임교수)
렌더퀴(廉德瑰, 상하이외국어대학 일본문화대학 교수)
수하오(苏浩, 전 베이징외교학원 교수)
손젠쥔(孙建军, 갑오전쟁 박물관 객좌연구원)
임성현(林成鉉, 전 국가보훈처 부산지방보훈청장)
위위웬춘(于元春, 전 뤼순수장가협회장)
왕전련(王珍仁, 전 뤼순일아감옥구지박물관 부관장)
유대성(柳大成, 다롄한국인회 회장)
캉웨화(康月华, 전 하얼빈안중근의사기념관 관장)
판마오중(潘茂忠, 전 뤼순일아감옥구지박물관 주임)
팡슈위(方秀玉, 푸단대학 교수)
황선익(黃善翌, 국민대학교 교수)
홍정모(洪政模, 다롄외국어대학 외국인 교수)
황기철(黃基鐵, 전 국가보훈처장)